potagers
en carrés
techniques et idées

Pierre-Yves Nédélec

créer ses
potagers
en carrés
techniques et idées

marabout

© Marabout (Hachette Livre), 2005 pour la première édition.

© Hachette Livre (Marabout), 2012 pour la présente édition.
Suivi éditorial : Fanny Delanaye
Maquette : Les PAOistes
Correction : Isabelle Puzelat

Les photographies de cet ouvrage ont été réalisées
par Joëlle Caroline Mayer et Gilles Le Scanff, sauf :
P. 1, 2-3, 6-7, 9, 11, 13, 15, 38-39, 40 à 60,
64 à 71, 150-151, 166-167, 178-179, 191,
206-207, 211, 219, 222, 228-229 : © Shutterstock
P. 42, citronnelle ; 44, arroche et poireau perpétuel ;
46, fenouil ; 48, persil japonais ; 52, oca, tomate
'ananas' et cresson de Para ; 54, chou palmier ;
56, fenouil : © Pierre-Yves Nédélec
P. 48, mâche chinoise ; 52, épinard-fraise : © D.R.
P. 44, oseille épinard : © Dominique VERNER/Fotolia

41.2746.0/01
ISBN : 978-2-501-08532-8
Dépôt légal : février 2013
Achevé d'imprimer en janvier 2012 sur les presses
de Cayfosa, Espagne.

sommaire

introduction

le potager en carrés

D'une conception astucieuse et ludique, le potager cultivé en carrés a déjà fait de nombreux adeptes. Économique, il permet d'optimiser la production des légumes variés qui poussent sur un espace restreint. Et ce, en un minimum de temps pour le bonheur des petits et des grands.

une approche moderne

Adapté d'un modèle américain imaginé par Mel Bartholomew, le potager en carrés a été révélé au grand public il y a plus de 10 ans par Jean-Paul Collaert et Éric Prédine. Les crises sanitaires et économiques ainsi que la forte percée du bio ont depuis stimulé les jardiniers à reprendre le chemin du potager. Le plaisir de cultiver ses propres légumes, l'assurance de savoir ce que l'on mange et les économies réalisées sont autant de bonnes raisons de faire un potager. Par manque d'espace pour cultiver et de temps à y consacrer, le néojardinier se tourne désormais vers ce nouveau concept qu'est le très productif potager en carrés. C'est d'autant plus pratique qu'on trouve aujourd'hui dans les jardineries des modèles en kit à poser sur la pelouse, sur la terrasse et jusque sur le balcon.

un concept simple

Le principe du potager en carrés consiste à cultiver des légumes dans un carré de 120 cm de côté, petit et facile d'accès, cerné d'un cadre en planches de coffrage. Le carré de base est lui-même divisé en 16 cases de 30 cm de côté permettant la culture simultanée de 16 variétés de plantes. La rotation dans chaque case se fera ensuite dans un ordre précis. Selon ses besoins, chacun peut multiplier à sa guise le nombre de carrés de base séparés par des allées. Le principe, qui a fait ses preuves, respecte la rotation des cultures. Ainsi, on n'enchaînera pas dans une même case deux cultures de la même famille botanique ni de la même catégorie (légume-feuille, légume-fruit, légume-racine…). Le potager en carrés privilégie les variétés à cycle court à la fois pour récolter au plus vite de jeunes légumes mais aussi pour laisser la place à d'autres variétés. L'entretien d'un tel potager se limite à deux heures par semaine.

miser sur la diversité

Un potager équilibré accueille des légumes variés qui s'y succèdent tout en entretenant la fertilité du sol. La rotation des cultures et de judicieuses associations de légumes réduiront les risques de maladies et les attaques de parasites.

une histoire de familles

Il est primordial de connaître la famille à laquelle appartient un légume. En effet, un légume ne doit pas céder sa place dans une case à un autre de la même famille, sous peine de risquer l'arrivée de maladies, des attaques de parasites et un déséquilibre du sol.

- Les Alliacées (Liliacées) : ail, échalote, oignon, poireau…
- Les Apiacées (Ombellifères) : carotte, céleri, fenouil, panais, persil…
- Les Astéracées (Composées) : artichaut, cardon, chicorée, laitue, scorsonère, topinambour…
- Les Brassicacées (Crucifères) : chou, chou-fleur, chou de Bruxelles, navet, radis…
- Les Chénopodiacées : betterave, épinard, poirée…
- Les Cucurbitacées : concombre, courge, melon, potiron…
- Les Fabacées (Légumineuses) : haricot, pois, fève…
- Les Solanacées : aubergine, piment, poivron, pomme de terre, tomate…

la ronde des légumes

La règle de la rotation des cultures veut aussi qu'on ne fasse jamais se succéder deux plantes dont on consomme les mêmes organes (feuilles, racines, fruits…), sous peine de vite épuiser les éléments minéraux du sol.

- Les légumes-fruits : aubergine, courgette, poivron, tomate…
- Les légumes-feuilles : cresson, épinard, laitue, poireau, poirée…
- Les légumes-racines : betterave, carotte, navet, radis, topinambour…
- Les légumes-graines : fève, haricot, pois…

les bonnes interactions

Pour chaque légume, nous proposons une ou plusieurs associations favorables à un bon équilibre des cultures. Par exemple, l'oignon et le poireau éloignent la mouche de la carotte. La tomate ou le céleri plantés à proximité du chou éloignent un papillon, la piéride, qui pond ses œufs sur les choux et dont les larves dévorent le feuillage. La tomate est efficace aussi contre la mouche du chou. L'ail semble tenir la pourriture grise à bonne distance des fraisiers.

les fleurs auxiliaires

Certaines fleurs sont utiles au potager : les racines des tagètes et des œillets d'Inde sécrètent au niveau de leurs racines des substances contre ces petits vers qui affectent le chou, la carotte et le céleri. L'œillet d'Inde protège aussi la tomate contre le mildiou. La capucine attire les pucerons. Les plantes aromatiques comme la sauge et le thym s'avèrent utiles pour éloigner les pucerons. Autant de cultures associées qui vous épargneront l'emploi de pesticides.

penser son potager

Un premier potager est une belle aventure qui débute souvent avec l'arrivée des beaux jours. Mais elle demande de l'organisation et un minimum d'équipement.

une surface à votre mesure

Débutez avec 2 carrés de 120 cm de côté pour vous faire la main. Un jeune couple avec un enfant pourra cultiver entre 4 et 6 carrés pour satisfaire les besoins de la famille une grande partie de l'année. Un végétarien veillera sur près de neuf carrés. Au delà, mieux vaut repasser au potager traditionnel. Pour initier votre enfant au jardinage, confiez-lui un carré de seulement 90 cm de côté divisé en 9 cases, ces dimensions, adaptées à sa taille, lui permettront d'atteindre le carré central.

une bonne exposition

Pour réussir votre potager, choisissez une parcelle de terrain plate sur la pelouse ou sur les dalles de la terrasse. L'endroit doit être baigné de soleil et abrité des vents froids. Évitez la proximité des arbustes et des arbres qui apportent de l'ombre.

dessiner le potager

Disposez les carrés avec la rigueur d'un tracé à la française. Le résultat est toujours agréable à l'œil et l'entretien en sera facilité. Prévoyez entre chaque carré un passage ou une allée de 60 à 80 cm de largeur. Les légumes et les fleurs ont tendance à déborder des cases ! Un potager à 4 carrés de 120 cm de côté occupera près de 5 m^2 au sol, allées comprises.

l'outillage

Contrairement au potager traditionnel, l'entretien du potager en carrés réclame bien peu d'outil et matériel. Prévoyez un cordeau et de la ficelle pour le tracé des cases, un transplantoir, une griffe à petit manche, un râteau et un arrosoir. Pour repérer vos semis, procurez-vous des étiquettes et pour damer le semis, une petite planche suffira. Pour supporter vos légumes à ramer prévoyez des tuteurs, un filet à haricot ou un treillage en fer à béton.

le point d'eau

Même dans une région à forte pluviométrie, il est illusoire de créer un potager sans point d'eau. Dès le départ,

prévoyez une arrivée d'eau enterrée avec un robinet à proximité afin de limiter les allées et venues avec de lourds arrosoirs. À défaut, tirez un tuyau jusqu'à une réserve d'eau de type tonneau classique ou récupérateur d'eau de pluie en PVC.

le silo à compost

Le recyclage des déchets verts est une préoccupation d'actualité. Installez un silo à compost du commerce, à l'écart du potager. Vous y placerez les fanes de vos légumes et les mauvaises herbes, qui, par fermentation, se décomposeront en six à neuf mois. Vous obtiendrez alors un excellent compost « maison », riche en matières organiques indispensables à la croissance des légumes et à l'équilibre du sol. Les activateurs de compost accéléreront la transformation des déchets.

le châssis

Depuis peu, on trouve dans les jardineries et sur les sites spécialisés des châssis et tunnels en plastique pour couvrir un carré du potager. C'est pratique pour les premiers semis, les cultures hâtives et les légumes frileux. À défaut, vous pourrez toujours recouvrir les plants avec une cloche sans oublier les voiles de forçage et les housses pour tomates.

construire son carré

Nul besoin d'être un bon bricoleur pour assembler les côtés d'un potager. La structure posée sur une surface plane retient le terreau où vous cultivez vos légumes.

le matériel nécessaire

Dans une grande surface de bricolage, vous trouvez aisément tout les éléments qu'il vous faut pour mettre en œuvre votre projet. Par un carré de base, il vous faut des planches de coffrage à faire couper sur place en 120 cm de longueur. C'est le moyen le plus sûr d'avoir des coupes à angle droit. L'idéal est une planche de coffrage en pin ayant une épaisseur de 35 mm et une hauteur de 18 à 20 cm. Même si leur durée de vie est plus longue, évitez les bois traités ainsi que les bois exotiques. N'oubliez pas d'acheter 4 cornières métalliques par carré ainsi que des vis-bois en inox.

l'assemblage

Le montage du cadre en bois est très simple. Commencez par assembler les 2 premières planches en faisant se chevaucher les bords. Effectuez deux pré-trous avec une mèche de visseuse avant d'assembler avec des vis à bois. Aidez vous en calant une des planches

contre un mur. Terminez votre carré puis renforcez les angles intérieurs avec les cornières vissées. Vous pourrez alors colorer les faces extérieures avec une lasure acrylique de votre choix.

la mise en place

Tracez au cordeau le dessin de votre potager. Fichez en terre des piquets qui marqueront les angles de chacun des carrés cernés par les allées de 60 cm de large. Pour un rendu impeccable, tout doit être d'équerre. Pour garantir les angles droits, utilisez une grande équerre de maçon ou encore mieux la simple règle des 3-4-5. Retirez l'herbe et les cailloux à l'emplacement des futurs carrés de culture. Sinon, recouvrez le sol creusé sur 20 cm, d'un feutre géotextile qui fera barrage aux herbes tout en laissant l'eau circuler.

le terreau

À moins d'avoir une très belle terre comme celle d'un ancien potager, mieux vaut investir dans du terreau « spécial potager » vendu en sac dans les jardineries. Remplissez chaque carré jusqu'en haut des planches car le terreau finira vite par se tasser de 4 à 5 cm. Si vous voulez utiliser la terre du jardin, il faudra aussi l'enrichir avec du compost ou du fumier et peut être l'alléger avec du sable. Au final, vous devez obtenir un mélange de culture riche et aéré.

les structures

Sur la face nord des carrés, à chaque extrémité, fichez en terre de solides piquets en châtaignier. Ils serviront à soutenir un filet, un treillage en bois léger ou en fer à béton. Ainsi vous aurez créé une structure verticale qui sera prise d'assaut par un haricot grimpant, une courgette ou même un potiron. C'est autant de gain de place et de gestion de la lumière.

les allées

Avec leurs 60 cm de large, les allées peuvent être engazonnées à condition que la tondeuse ait la bonne largeur de coupe. Recouverte d'un feutre « anti-herbe », l'allée peut aussi être habillée de gravillons ou de caillebotis. Optez alors pour un modèle avec rainures anti-dérapantes.

conseils du potager en carré

à faire au potager

- Planifier ses cultures. C'est le b.a.-ba d'un potager bien géré. Prenez le temps de noter les variétés de légumes que vous souhaitez cultiver au cours de l'année. En fonction des dates de semis ou de plantation et des périodes de récoltes, optimisez la gestion de l'espace pour chaque case des carrés.

- Exploiter chaque cm^2. Comme la place est comptée vous devrez planter plus serré que dans un potager traditionnel. N'hésitez pas à effectuer des semis entre les légumes poussés. Les radis et le mesclun se glissent partout. Récoltez les légumes jeunes et tendres et replantez dès qu'une place se libère.

- Penser en 3D. Un potager est tout sauf plat. Les salades et les tomates prennent vite de l'ampleur. Il faut en tenir compte pour choisir les plantes voisines qui risquent de souffrir du manque de lumière. Exploitez tout l'espace en cultivant à la verticale les légumes grimpants sur un treillage à l'arrière du potager, côté nord.

- Étaler les semis. Les paquets de graines, notamment les plus fines, sont toujours trop pleins. Ne semez pas tout d'un coup d'autant que vous n'auriez pas assez de place. Espacez les semis d'une à deux semaines pour prolonger les récoltes comme on le fait avec les radis.

- Grouper les achats. Les barquettes de jeunes plants, les bottes de poireaux-baguette et les filets de semences de pommes de terre débordent. Partagez-les avec vos voisins pour mieux gérer vos achats et ne pas vous priver d'une grande variété de légumes, toujours en petites quantités.

- Arroser au pied. Ne gaspillez pas l'eau, si précieuse, en arrosant avec un tuyau d'arrosage. Concentrez l'apport au pied de chaque légume pour ne pas perdre une goutte d'eau. Un paillage adapté vous fera faire aussi de belles économies.

- Suivre de près. Visitez vos carrés chaque jour ne serait-ce que pour repérer un légume arrivé à maturité, arroser une plante assoiffée, identifier un début de maladie ou arracher une mauvaise herbe. Ces quelques minutes d'attention feront toute la différence.

à ne pas faire au potager

• Voir trop grand. Les carrés de 120 cm de large sont conçus pour jardiner sans mettre les pieds dans la terre. Et c'est ergonomique car chacun peut accéder au centre du potager en tendant le bras. Pour des légumes à portée de main, n'agrandissez pas le modèle de base.

• Miser sur l'ombre. Sous prétexte de canicule et de restriction d'eau, on pourrait être tenté d'implanter son potager dans un coin ombragé. Vos légumes auraient alors tendance à chercher la lumière et le manque de soleil direct se ferait vite sentir par des récoltes plus que médiocres.

• Démarrer trop tôt. C'est un travers courant chez le néophyte qui se laisse embarquer par l'offre, certes alléchante, mais décalée des jardineries et des grandes surfaces. Une gelée tardive peut alors décourager les meilleures volontés. Et ce n'est pas parce que vous aurez semé avec 15 jours d'avance que vous aurez gagné du temps.

• Remplir les carrés d'un seul coup. C'est tentant mais une fois que vous aurez tout récolté, votre potager sera bien vide. Planifier semis et plantation pour que vos carrés soient occupés une bonne partie de l'année. L'hiver c'est plus compliqué.

• Cultiver des plantes inadaptées. Un des principes du potager en carrés est de cultiver un grand nombre de légumes dans un espace restreint. Évitez les locataires trop encombrants comme la rhubarbe, le cardon ou les grosses variétés de chou qui plus est font trop d'ombre. Si vous ne pouvez vous en passer, consacrez-leur un carré entier.

• Cultiver des légumes à croissance lente. La rotation rapide des légumes dans les carrés est incompatible avec la culture de l'asperge, de l'artichaut ou du chou de Bruxelles. Si vous y tenez, réservez-leur un carré chacun.

• Épuiser la terre. Comme un légume chasse l'autre en peu de temps, la terre a besoin d'être enrichie régulièrement avec du compost ou du fumier. Sans ces apports, les rendements chuteraient vite. L'ordre de rotation des légumes a aussi son importance pour garder un potager productif et moins sensible aux maladies.

des graines et des plants

Le jardinier amateur dispose aujourd'hui d'une vaste gamme de semences traditionnelles ou biologiques. Les plants prêts à repiquer vous éviteront les aléas du semis.

les graines classiques

On trouve de nombreuses variétés traditionnelles et anciennes dans les catalogues et les présentoirs de graines potagères. Pour chaque légume, à vous de dénicher la variété qui correspond le mieux à votre région et à son climat, à votre terre et surtout à votre goût.

les hybrides F1

Cette mention suit ou précède le nom de variétés de légumes sélectionnées pour leur résistance aux maladies et au froid, leur précocité, leur bon rendement... Il vous faudra racheter ce type de semences chaque année.

les graines enrobées

Les graines protégées par une coque colorée composée d'éléments favorisant la germination peuvent se semer une à une, à bonne distance. La levée est régulière, la fonte* du semis moins risquée et l'éclaircissage inutile.

les graines en ruban

Pour faciliter la régularité des semis, les graines sont disposées à intervalles réguliers sur un ruban biodégradable. La levée est régulière et l'éclaircissage inutile. Idéal pour les débutants.

les graines en tapis

Très utiles pour le semis en barquette ou en pot, les tapis de graines présemées à égale distance les unes des autres sont simples d'utilisation.

les graines biologiques

Ces semences proviennent de porte-graines rustiques cultivés sans engrais chimique ni pesticides de synthèse selon les règles de la culture biologique.

les plants de légumes

Pour débuter un potager sans passer par l'étape du semis, vous pourrez acheter des plants en bottes, en mottes ou en godets. Le gain de temps n'est pas négligeable, et la reprise des légumes frileux est presque certaine. Les légumes qui ne se repiquent pas, comme la carotte ou le radis, seront toujours semés directement en place.

semer

Chaque légume doit être semé à une période bien précise. Les plantules bénéficieront de soins appropriés pour leur assurer un bon départ, gage de belles récoltes.

le semis sous abri

Pour offrir aux semences des légumes délicats, la chaleur et l'humidité dont elles ont besoin, le semis peut s'effectuer sous abri en serre, sous tunnel, sous châssis chauffé ou à la maison. Terrines, pots, caissettes de poissonnier, barquettes à frites ou pots de tourbe : tout ou presque peut servir de contenant que vous remplirez d'un terreau spécial semis ou d'un mélange léger à base de compost et de sable.

le semis en place

Il suffit souvent d'une belle journée de printemps pour que l'on ait envie d'effectuer les premiers semis. Dans un sol encore froid, la germination est plus lente, et les graines sont plus sensibles à la pourriture. Plus les graines germent vite, plus les plants sont vigoureux. Au dos des sachets de graines, on trouve de bonnes indications sur la date

des semis et le suivi de la culture. Une case peut contenir entre 5 et 25 graines selon l'ampleur du légume.

l'éclaircissage

Même si vous n'avez pas semé très dru, il faudra éclaircir le semis après la levée. Cela consiste à supprimer les plantules en surnombre en les tirant à la main lorsqu'elles sont au stade de 2 à 3 vraies feuilles. Un copieux arrosage précédera l'opération. L'éclaircissage permet aussi de faire une sélection et de ne garder que le plant le plus vigoureux.

le repiquage

Les légumes semés en terrine ou en caissette doivent être repiqués en place au potager. Bien formés et endurcis, ils devront s'acclimater au plein air. Enfoncez le plantoir dans la terre pour ouvrir un trou dans lequel vous glisserez le plant bien droit. Tassez la terre contre ses racines en piquant le plantoir à proximité du premier trou puis arrosez copieusement. Vous pouvez aussi vous procurer de beaux plants, tout frais, sur les marchés locaux.

semer en terrine

Les graines fines, comme celles du basilic, des salades et des choux, se sèment aisément en terrine à condition de les recouvrir d'une couche fine de terreau et de plomber* le semis en tassant avec une petite planche. Arrosez en pluie fine. Couvrez la terrine d'une plaque de verre ou de film plastique alimentaire et placez-la en pleine lumière. La chaleur de fond d'un radiateur, d'une mini-serre ou d'un châssis favorisera la levée, qui sera obligatoirement suivie d'un repiquage.

semer en godet

Les légumes à grosses graines, et en particulier ceux qui sont sensibles au froid, seront semés, sous abri, en godets individuels. On plante généralement 2 à 3 graines par godet pour ne garder, après la levée, que le plus beau plant.

semer à la volée

Ce semis consiste à répartir les graines le plus régulièrement possible à la surface de la terre. Elles sont ensuite recouvertes de compost ou de sable. Le semis à la volée concerne les carottes, les laitues, le persil ou les engrais verts.

semer en poquet

Déposez au fond de chaque trou 3 à 5 grosses graines sur un lit de compost. Comblez puis tassez à la main pour former une petite cuvette qui retiendra l'eau de l'arrosage. Ce type de semis concerne les haricots, les pois, les courges, les melons, etc. Il exige que l'on ne conserve que les plus beaux plants.

planter

De nombreux légumes et plantes aromatiques sont désormais vendus en godets ou en mottes. Cela permet de tester de nouvelles variétés et dispense l'amateur de certains semis réputés délicats.

les plants en godets

Bien développés et pourvus d'un bon système racinaire, les plants homogènes élevés et vendus en godets de plastique sont prêts à planter, dès lors que les gelées ne sont plus à craindre. Retirez la motte du godet en pressant légèrement sur les côtés puis installez le plant dans un large trou ouvert avec un transplantoir. Tassez la terre à la main pour bien caler le plant et ramenez de la terre jusqu'à la base des feuilles. Arrosez ensuite généreusement au goulot.

les plants en mottes

Les jeunes plants de laitues, d'épinards, de choux, de tomates, de céleri et même de persil se commercialisent en petites mottes de tourbe rassemblées dans une barquette. Commencez par immerger les mottes dans une bassine d'eau avant de désolidariser celles qui sont soudées par les racines. Supprimez les feuilles de la base des plants de tomates et de choux pour les enterrer plus profondément.

les tubercules

Si vous souhaitez cultiver des pommes de terre, sachez que vous aurez le choix entre plusieurs stades de végétation pour des plants certifiés. Pour débuter ou tester une nouvelle variété, mieux vaut vous procurer des plants germés, vendus par 10 ou 25. C'est encore de trop pour le potager en carrés. Donnez le surplus à vos amis.

les bulbes et caïeux

Pour des raisons évidentes de temps et pour garantir une culture saine, les jardiniers amateurs n'ont aucun intérêt à semer certains légumes. Chacun peut se procurer et planter des tubercules de topinambour, des rhizomes de crosne, des caïeux d'échalote et des bulbes d'oignon.

protéger efficacement

L'amateur dispose d'un matériel léger et rapide à installer qui favorisera la germination et protégera les légumes du froid comme de la chaleur. Grâce à ce microclimat, vos légumes se développeront harmonieusement.

la housse de protection

En tout début de culture et en fin de saison, les pieds de tomate, d'aubergine ou de poivron peuvent être coiffés de housses spéciales. En accumulant la chaleur tout en permettant une bonne aération, elles assurent une meilleure croissance, des récoltes plus précoces et plus longues. Et c'est surtout très efficace contre le mildiou de la tomate.

la cloche de forçage

À la fois utiles et décoratives, les rééditions en verre ou en plastique translucide des cloches de maraîcher assurent un bon démarrage à des semis en poquet ou à de jeunes plants sensibles au froid (melon, pastèque ou concombre).

le voile de forçage

En polypropylène non tissé, le voile dit de forçage, de protection ou de croissance est perméable à l'eau et à l'air. Il se pose directement sur les semis ou les plants. Vos cultures hâtives seront ainsi protégées des caprices du climat et des insectes volants. Ça marche bien contre la mouche du poireau et de la carotte.

la cagette

Posée, retournée, sur un carré de légumes repiqués, la cagette en bois protège de la voracité des oiseaux mais aussi des brûlures du soleil.

le journal

Sur un semis tout frais, vous pouvez étaler un simple journal qui protègera du soleil tout en gardant le terreau bien frais. N'oubliez pas de le retirer juste après la levée des plantules.

prévenir et guérir

Certaines années sont plus propices que d'autres au développement des maladies et aux attaques de parasites. Voici quelques moyens d'organiser une lutte efficace.

les variétés résistantes

Les variétés anciennes ne sont pas plus résistantes que les modernes. Les variétés hybrides, et notamment les hybrides F1, sont sélectionnées pour une meilleure résistance aux aléas climatiques (sécheresse, chaleur, gel…) mais aussi à un certain nombre de maladies classiques et de virus.

les insecticides

La variété des légumes et leur rotation rapide dans les carrés du potager limite les attaques d'insectes. Tout comme la culture de fleurs insectifuges mélangées avec les légumes. Pensez au purin d'ortie et autres préparations bio qui s'imposent désormais.

les fongicides

La fonte des semis, les pourritures, le mildiou, l'oïdium et la rouille comptent parmi les maladies cryptogamiques les plus courantes. Il existe des solutions bio pour régler ces petits accidents de culture.

les anti-limaces

Capturez les limaces et escargots avec des pièges à bière, arrêtez-les avec une barrière de cendres de bois ou, mieux encore, détruisez-les à l'aide d'un nématode parasitaire vendu en sachets à diluer dans l'eau d'arrosage.

les insectes auxiliaires

Favorisez la présence des insectes auxiliaires comme la coccinelle, le perce-oreille, l'abeille solitaire ou la chrysope en installant des abris à insectes.

les purins et décoctions

Le purin d'ortie s'utilise en pulvérisation contre les pucerons ou en arrosage stimulant avec une dilution de 10 %. Les décoctions de prêle s'emploient en pulvérisation contre le mildiou, la rouille et l'oïdium. En jardinage biologique, on prépare aussi des décoctions contre la piéride du chou, ainsi que du purin de consoude pour fertiliser les tomates.

bien entretenir

Le simple désherbage participe activement à la bonne croissance des légumes. Le binage et le paillage viennent en complément en réduisant l'évaporation et en limitant du même coup la fréquence des arrosages.

le désherbage manuel

Dans un potager en carré, la chasse aux herbes indésirables est sans commune mesure avec celle dans un potager classique. D'autant plus que vous cultivez un carré rempli de terreau neuf a priori exempt de graines et de racines de mauvaises herbes. Celles qui s'inviteront dans votre potager proviendront des graines de plantes sauvages dispersées par le vent. Comme le terreau est souple, rien n'est plus facile que de retirer à la main quelques brins d'herbes. Prenez l'habitude, comme pour les fanes de vos légumes, de les recycler dans votre silo à compost.

le binage

C'est indispensable pour briser la croûte de terre qui se forme en surface par temps sec ou suite à de fortes ondées qui compactent le sol. Utilisez une simple griffe à trois dents et à petit manche pour travailler librement entre les légumes. S'il vous arrive de déchausser un plant, redressez-le en tassant la terre au pied puis arrosez avec le goulot d'un petit arrosoir. N'oubliez pas qu'un binage vaut deux arrosages.

le paillage

Les tontes de gazon sèches, la paillette de lin et le compost constituent d'excellents paillages. Ils protègent le sol des rayons du soleil, réduisent l'évaporation, maintiennent le sol frais et découragent l'installation des mauvaises herbes. La terre ainsi couverte ne sera plus damée par les pluies battantes et retiendra mieux la rosée. Pour qu'il soit efficace, ne mettez en place votre paillage qu'à la fin du printemps sur une terre réchauffée et encore humide. Le paillage permet aussi d'isoler de la terre les légumes-fruits ou les fraises. Il active les microorganismes du sol qui, en décomposant la matière végétale, l'enrichissent en humus. Attention : l'ail, l'échalote et l'oignon détestent le paillage.

arroser

En apportant la quantité d'eau nécessaire au bon moment et au bon endroit, vous aiderez les graines à germer, les plants à croître puis à produire racines, feuilles et fruits.

au brumisateur

Les semis en terrine ou en mini-serre s'arrosent avec un brumisateur d'eau à température ambiante. Les fines gouttelettes d'eau ne perturbent pas les jeunes plantules à l'enracinement fragile.

à l'arrosoir

Si vous ne disposez ni d'un puits ni d'un point d'eau naturel, optez pour la récupération de l'eau de gouttière dans une citerne. Le terreau du potager en carré retient bien l'eau d'arrosage. Mais il faudra tout de même arroser, 2 à 3 fois par semaine selon la météo. Orientez la pomme vers le haut pour arroser en pluie fine. L'arrosage au goulot est recommandé pour des apports ponctuels et copieux sans mouiller le feuillage. Arrosez de préférence le soir pour limiter les pertes par évaporation au cours des journées chaudes. Si les nuits sont plus fraîches, mieux vaut cependant opérer tôt le matin.

avec un tuyau suintant

En serpentant sur le sol entre les légumes, ce tuyau microporeux arrose progressivement et en douceur. Ce système permet de réaliser de sérieuses économies ; il se raccorde au réseau ou à une réserve d'eau surélevée.

avec un goutte à goutte

Les potagers en carrés peuvent bénéficier d'un arrosage ponctuel avec un goutte à goutte géré par un programmateur.

les légumes exigeants

Leur croissance rapide et leur feuillage important rendent la courge, le melon, la laitue, la tomate, le chou, la betterave et la carotte plus exigeants en eau que d'autres légumes.

les légumes sans soif

L'ail, l'oignon, l'échalote et le topinambour se passent pratiquement d'arrosage, se contentant d'éventuelles précipitations : une aubaine pour les jardiniers du week-end.

récolter et conserver

Récoltez vos légumes à parfaite maturité, car la plupart d'entre eux se consomment sitôt cueillis afin de préserver les vitamines et les sels minéraux.

mettre en jauge

Les choux, les chicorées et les poireaux se gardent bien dans une tranchée remplie de sable, le long d'un mur. On conseille de les incliner vers le nord.

à la cave

À température constante et dans l'obscurité, les légumes-racines se conservent dans des caissettes remplies de sable bien sec. Ne rentrez que les légumes sains qui ont ressuyé sur place et dont vous aurez coupé le feuillage.

au grenier

Après un séchage en plein air, l'ail, l'oignon et l'échalote se conservent bien dans des cagettes ou suspendus au grenier après tressage.

conserver au réfrigérateur

Vos légumes garderont quelques jours leur fraîcheur dans le bas du réfrigérateur mais leur teneur en vitamines chutera rapidement.

congeler

Tous les légumes peuvent se congeler cuisinés ou tels quels après épluchage, lavage et égouttage. Certains légumes nécessitent un blanchiment avant la congélation.

stériliser

Cela consiste à monter la température à plus de 112 °C à l'intérieur de bocaux où sont entassés les légumes préparés. La stérilisation se fait dans un autocuiseur à haute pression ou dans une lessiveuse.

les conserves au vinaigre

Les cornichons, les petits oignons blancs, les pointes d'asperge, les choux-fleurs… coupés en dés seront placés dans des bocaux puis recouverts de vinaigre blanc bouilli, parfumé aux herbes, au poivre et aux clous de girofle.

les conserves à l'huile

Les bocaux de tomates séchées, de poivrons et d'ail doux aux saveurs méditerranéennes pourront être parfumés avec des aromates.

cultiver avec soin

La nature est généreuse, mais vos plantations ne donneront le meilleur d'elles-mêmes que si vous les entourez des plus grands soins. Les arrosages et les désherbages sont incontournables. Toutefois, voici quelques tours de main indispensables pour aider vos semis et vos plants à grandir correctement.

biner

Le binage a pour fonction d'ameublir la terre en surface et de l'aérer sans la retourner. Il se pratique à l'aide d'une simple griffe entre les légumes, en évitant de les déchausser. Les plantules de mauvaises herbes sont très perturbées par cette pratique.

butter

Le buttage consiste à ramener de la terre autour d'une plante pour renforcer son enracinement et la protéger. Ainsi, on butte les plants de pommes de terre mais aussi les variétés de haricots, de petits pois et les fèves. Un buttage progressif des poireaux permet d'allonger la partie blanche.

pincer et tailler

Pour favoriser la ramification ou la contrôler, limiter l'importance du feuillage et le nombre des jeunes pousses, stimuler la floraison, réduire le nombre des fruits et hâter leur mûrissement, il faudra pincer, étêter et même tailler en cours de culture. Les légumes-fruits, comme les tomates, les melons, les aubergines, les concombres et les cornichons, mais aussi les potirons sont concernés. Pratiquez l'opération à la main, en pinçant entre le pouce et l'index, ou à l'aide d'un sécateur à fine lame.

tuteurer

Les plantes trop souples et trop faibles pour supporter le poids de leurs fruits, comme la tomate, doivent être tuteurées. Au moment de la plantation, fichez en terre des tuteurs métalliques à spirales du commerce.

ramer

Les haricots grimpants et les pois rames exigent un solide support composé de branches de noisetier fichées en terre, de grillage à moutons ou de filets en plastique à mailles carrées, tendus entre des piquets.

blanchir

Privé de lumière, le feuillage ne synthétise plus la chlorophylle. Ce traitement rend le pissenlit et la chicorée scarole plus tendres. Coiffez vos cultures d'une cloche à blanchir ou plus simplement d'un pot de terre renversé. Vous pouvez aussi lier le feuillage de la chicorée scarole avec une ficelle dix jours avant de la consommer.

nourrir

En investissant dès le départ dans un bon terreau « spécial potager » vos légumes auront toute la nourriture nécessaire. Mais à chaque renouvellement de carré, il faudra ajouter une pelletée de compost. Sauf pour les légumes comme l'échalote qui détestent les fumures fraîches. En cours de culture, misez sur les engrais bio et les arrosages au purin de plantes qui stimulent les gourmands comme la tomate ou la courgette.

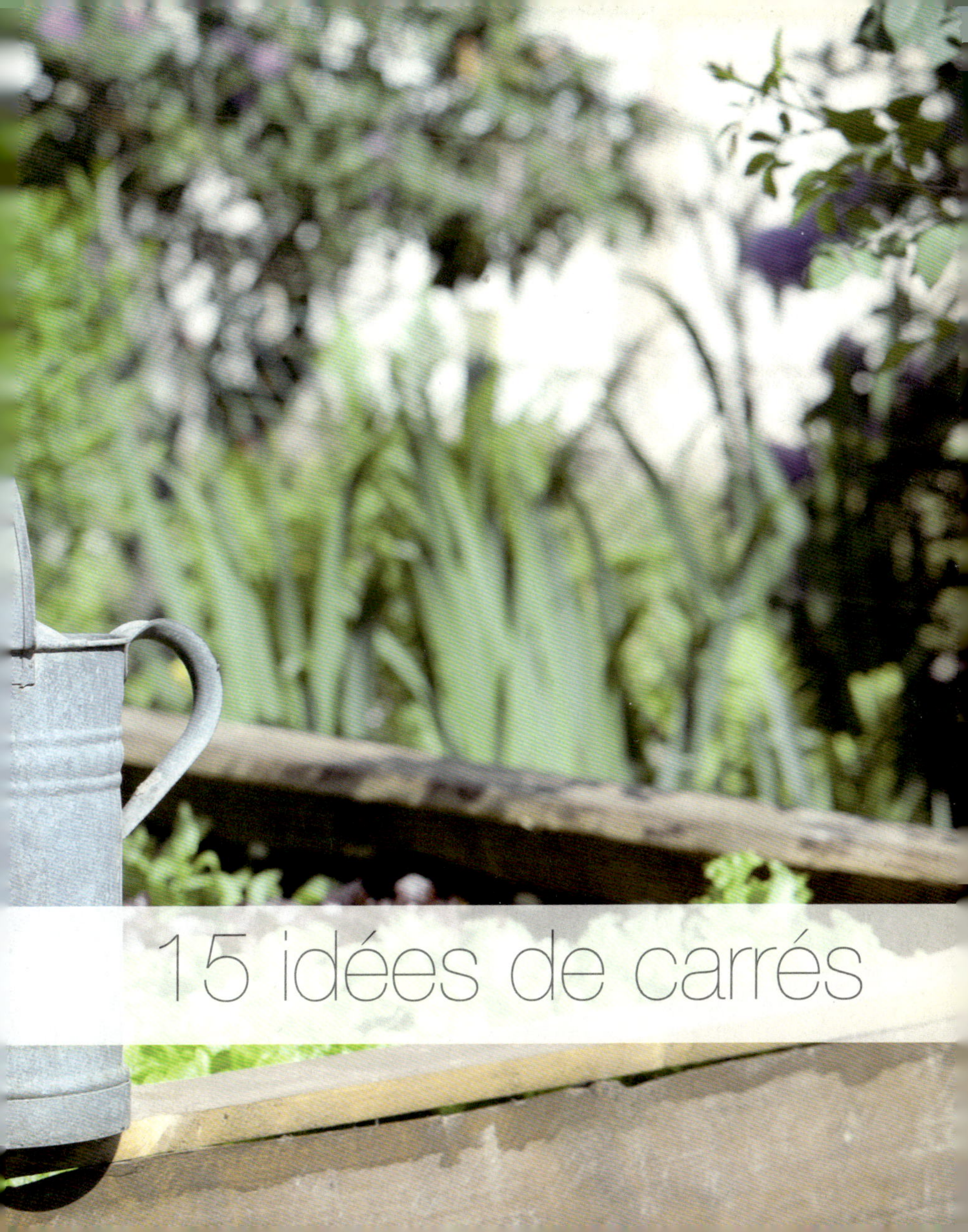

15 idées de carrés

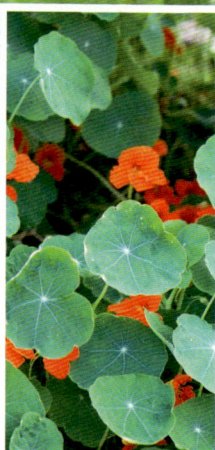

potager des fleurs comestibles

Dans les salades, les desserts ou les jus, ces fleurs sont belles et bonnes à croquer. On peut leur consacrer tout un carré, ou tout simplement les disperser parmi les légumes avec lesquels elles font bon ménage.

La violette
Nature ou confits dans le sucre, les pétales de cette plante vivace sont toujours parfumés. Comptez 10 plants/case.

Le souci
Il fleurit de juin aux gelées. Les pétales décorent les salades et la plante repousse les parasites. Comptez 6 plants/case.

Le coquelicot
Ses pétales rouges s'utilisent en salade ou cristallisés dans le sucre pour parfumer les laitages. Les graines fines aromatisent le pain et les pâtisseries. Semez à la volée dans 4 cases.

La ciboulette
Ses tiges tendres fleurissent en pompons roses. Elles ont un goût légèrement aillé. Comptez 5 à 6 plants/case.

La tagète
Les fleurs s'ajoutent aux salades et à la vinaigrette. Cousine de l'œillet d'Inde, elle a un pouvoir répulsif contre les nématodes. Comptez 12 plants/case.

La bourrache
Ses fleurs étoilées d'un bleu profond sont décoratives et attirent les abeilles. À consommer au naturel dans les salades et en déco avec les jus de fruits. Pour cette plante de 50 cm de haut, comptez 2 plants/case.

L'hémérocalle de bordure
Ses boutons encore verts ont un goût proche de l'asperge. Il faut les récolter très jeunes. Comptez 2 plants/case.

La capucine naine
Ses fleurs lumineuses ont un goût poivré. La plante attire les pucerons pour le bonheur des légumes. Comptez 9 plants/case.

potager pour tisanes et infusions

Réservez un carré entier du potager pour avoir à portée de main une sélection de bonnes herbes. Les feuilles et les fleurs, fraîches ou sèches, vous apporteront la santé et le bien-être.

La mélisse officinale L'infusion de feuilles fraîches acidulées, cueillies entre juin et septembre, facilite la digestion. Comptez 1 plant/case.	**La chicorée** Une décoction de feuilles sèches, de cette bisannuelle est diurétique. Semez et gardez 3 plants/case	**La sauge officinale** Les feuilles fraîches de cette plante vivace font une tisane digestive et une décoction pour bains de bouche. Comptez 1 à 2 plants/case.
La lavande Ses fleurs récoltées en été puis séchées font une infusion digestive. Macérées dans l'alcool, on en fait un bon antiseptique en bain de bouche. Comptez 1 plant/case.	**Le romarin** Une fois séchées, ses tiges fleuries s'emploient en infusion contre le rhume. Comptez 1 plant/case.	**La verveine citronnelle** Récoltées en juillet ou en octobre et infusées dans l'eau bouillante, les feuilles citronnées soulagent les indigestions. Comptez 3 plants/case.
Le thym Ses feuilles et ses tiges fleuries, après infusion et filtration, aident à une bonne digestion et éloignent le rhume. Comptez 4 plants/case.	**L'aneth** Une infusion de graines sèches, au goût anisé, lutte contre les ballonnements, le hoquet et les crampes. Comptez 5 plants/case.	**L'origan** Ses feuilles tout comme ses tiges fleuries, une fois séchées et infusées, ouvrent l'appétit et soulagent l'estomac. Comptez 5 plants/case.

potager des légumes perpétuels

D'une nature bien vivace, les légumes dits perpétuels s'enracinent durablement. Une aubaine pour tous ceux qui n'ont pas assez de temps pour bichonner les légumes classiques.

Le chou de Daubenton
On récolte, pour la soupe et les potées, les jeunes rameaux de ce chou à mille têtes. Ils ont un goût intermédiaire entre le chou et le brocolis. Les boutures se font dès le printemps. Comptez 1 plant/4 cases.

L'arroche Bon-Henri
Cette plante sauvage remplace volontiers l'épinard dont elle a la saveur. Les jeunes feuilles se récoltent du printemps aux gelées. Comptez 4 plants/case.

Le poireau perpétuel
Ce très vieux légume produit sans compter et résiste au gel comme à la sécheresse. Plus on lui retire ses petits plus il est prolifique. Comptez 3 plants/case.

L'ail rocambole
Tout comme l'ail, il accuse un goût puissant. Mais il en diffère par ses tiges, sans fleurs, qui portent des bulbilles. On les consomme mais on peut aussi les repiquer en terre. Comptez 8 plants/case.

L'oseille épinard
Les feuilles de cette plante imposante se récoltent au printemps puis à l'automne. Leur saveur est proche de l'épinard et moins acide que l'oseille. Coupez la hampe si la plante cherche à fleurir. Comptez 1 plant/case.

Le raifort sauvage
Sa racine à saveur forte et piquante s'emploie une fois râpée. La plante apprécie une terre profonde mais ne se récolte qu'au bout de 2 ans. Comptez 1 plant/2 cases.

potager des plantes aromatiques

Voici le carré du bonheur avec sa riche palette de saveurs et d'odeurs qui donne tout son caractère à la cuisine. Ces plantes, faciles à vivre, se contentent de peu.

La coriandre Ses graines épicées servent de condiment. Comptez 8 plants/case.	**Le basilic** Il apporte le soleil dans la cuisine. Ne laissez pas cette plante annuelle fleurir. Comptez 6 plants/case.	**La ciboulette** Ses feuilles creuses ont un arôme délicat entre l'oignon et le poireau. Comptez 5 plants/case.	**Le persil** Achetez de jeunes plants plutôt que de tenter un semis capricieux. Comptez 9 plants/case.
L'origan Les feuilles au goût poivré se récoltent de mai à novembre. Comptez 4 plants/case.	**Le fenouil** Pour un effet déco, optez pour la forme bronze. Coupez à ras à l'automne. Comptez 1 plant/ 4 cases.		**L'estragon** Plantez-le dans un lieu exposé à la chaleur pour profiter de son goût anisé. Comptez 3 plants/case.
L'hysope N'attendez pas qu'elle fleurisse pour cueillir ses feuilles un peu amères. Comptez 1 plant/case.			**La ciboulette** Ses feuilles creuses ont un arôme délicat entre l'oignon et le poireau. Comptez 5 plants/case.
La sarriette Récoltez ses tiges épicées au printemps pour les faire sécher. Comptez 4 plants/case.	**Le thym** Classique, citronné ou à feuillage décoratif, plantez-le en mars-avril. Comptez 4 plants/case.	**La sauge** Préférez celle à feuilles de lavande qui convient à tous les plats et tisanes. Comptez 1 plant/case.	**Le romarin** Les feuilles aromatiques s'utilisent fraîches ou sèches. Comptez 1 plant/case.

potager des saveurs asiatiques

Les saveurs exotiques s'invitent sur nos tables et les légumes asiatiques s'enracinent tout naturellement dans les carrés de nos potagers.

La mâche chinoise Les feuilles de ce chrysanthème à couronne ont un goût fort apprécié en salade ou cuit avec le porc. Comptez 10 plants/case.	**Le persil japonais** Les feuilles crispées et parfumées du shiso aromatisent l'umbeboshi ou prunes salées et le sashimi de thon. Comptez 25 plants/case.	**La coriandre** Ses feuilles fraîches parfument les plats exotiques comme le riz cantonais. Comptez 8 plants/case.
Le chou de Chine Pé-tsaï et pak-choï cuits à la vapeur ou braisés arrivent à point en fin de saison. Comptez 4 plants/case.	**La citronnelle** Les tiges de cette herbe gélive vendues sur le marché s'enracinent facilement en terre. Comptez 3 plants/case.	
	La citronnelle Comptez 3 plants/case.	**La moutarde de Chine** La saveur piquante de ses feuilles de chou rappelle le genièvre. Consommez-les crues en salade ou cuites comme l'épinard. Comptez 5 plants/case.
La coriandre Comptez 8 plants/case.	**Le basilic thaï** Ses feuilles vert foncé au goût très anisé convient au wok de légumes et de volailles. Comptez 8 plants/case.	**La ciboule de Chine** Ses feuilles tendres au léger goût aillé aromatisent les salades et les viandes. Comptez 8 plants/case.

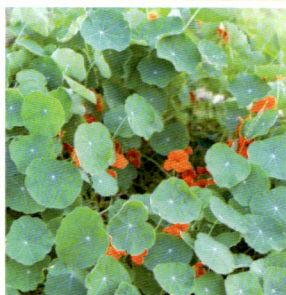

potager des enfants

Cet espace ludique et pédagogique accueille des plantes variées, colorées et faciles à cultiver. Pour un accès aisé, limitez le carré des bambins à 90 cm de côté.

La tagète	**Le fraisier**	**Le radis**
Ses petits cousins de fleurs lumineuses repoussent les parasites du sol comme les nématodes. Comptez 10 plants/case.	Allongez la période de récolte en plantant aussi une variété remontante. Paillez avec des aiguilles de pin pour rehausser le goût. Comptez 5 plants/case.	Les graines rondes se sèment bien quand on a des petits doigts. Mais il faudra arroser pour ne plus avoir à croquer un radis trop poivré. Comptez 16 plants/case.
La carotte	**Le haricot**	**La salade**
C'est plus facile de semer les graines en ruban pour obtenir un écart parfait entre les plants. Comptez 9 plants/case.	Construisez sur le côté nord du carré un tipi en branchages pour servir d'appui aux variétés dites à rames. Comptez 5 plants/case.	Le plus rigolo est de semer du mesclun pour découvrir les couleurs et les goûts surprenants des pousses tendres. Comptez 25 plants/case.
Le tournesol	**La tomate-cerise**	**La capucine**
Nain ou géant, le soleil fera toujours sensation. Les oiseaux raffolent des graines en hiver. Comptez 1 à 4 plants/case.	Ses fruits gorgés de soleil se grappillent à toute heure. Avec une variété naine c'est encore plus sympa. Comptez 2 plants/case.	Elle est belle, ses feuilles retiennent les gouttes d'eau et ses fleurs se mangent crues. C'est aussi un véritable refuge à pucerons. Comptez 5 plants/case.

potager des légumes curieux

Affirmez votre différence en osant cultiver des légumes pas comme les autres. Votre carré prendra vite des allures de cabinet de curiosités et vous initierez votre palais à de nouvelles saveurs.

La plante à huître Les feuilles bleutées de la mertensie maritime ont le goût iodé de l'huître. Comptez 4 plants/case.	**L'épinard-fraise** Cette plante asiatique a des feuilles d'épinard au léger goût de noisette. Ses fruits de fin d'été, rouges et juteux au goût de betterave, ne sont bons qu'en gelée. Comptez 3 plants/case	**La menthe chocolat** Ses feuilles ont le goût du chocolat fourré à la menthe des Anglais. Limitez sa vigueur en la cultivant dans un tube enterré. Comptez 1 plant/case.
L'oca du Pérou Ce joli trèfle tubéreux amateur de chaleur donne 8 mois après la plantation. On récolte 20 tubercules, à la saveur de patate douce, par pied. Comptez 3 plants/case.	**La tomate 'ananas'** Cette grosse tomate a une chair savoureuse, jaune orangé avec des rayures, qui rappelle celle de l'ananas. Comptez 1 plant/case. **La tomate 'poire jaune'** Cette variété produit en quantité des petits fruits allongés dont la forme ressemble à une poire. À savourer à l'apéro. Comptez 2 plants/case.	**La plante à œufs** Cette aubergine produit des fruits de la forme et de la couleur des œufs. Il lui faut beaucoup de chaleur et de soleil pour produire. Comptez 1 plant/case.
La plante à sucre Les feuilles de la stévia remplacent le sucre sans les calories. La plante gélive perd ses feuilles à l'automne. Comptez 5 plants/case.	**La ficoïde glaciale** Ses feuilles à l'apparence givrée et au goût acidulé agrémentent les salades. Cette petite plante frileuse exige cependant beaucoup de chaleur. Comptez 3 plants/case.	**Le cresson de Para** Cette plante malgache étale ses tiges au sol. Ses pompons aromatisent les plats de viande mais anesthésient toute la bouche. Comptez 6 plants/case.

potager décoratif

Un carré du potager peut être beau à croquer. Pour preuve,
cet exemple facile à reproduire et qui vous offrira un décor moderne
et dynamique.

La sauge pourpre
Cette plante vivace et officinale se distingue par son feuillage pourpre surmonté en juin de fleurs violacées. Comptez 1 plant/case.

L'amarante
Cette fleur annuelle à feuillage vert ou rouge, pousse vite dès la mi-mai. On consomme le feuillage comme les épinards. Comptez 3 plants/case.

L'arroche pourpre
Cette plante annuelle séduit par son port érigé et son feuillage rouge foncé où l'eau perle. Récoltez les feuilles tendres toujours avant la floraison pour les cuire comme l'épinard. Comptez 4 plants/case.

L'amarante
Comptez 3 plants/case.

Le chou palmier
On consomme les pousses tendre mais aussi les feuilles après un premier gel. Comptez 1 plant/case.

La poirée
Comptez 1 plant/case.

La poirée
Bien connue sous le nom de bette, cette bisannuelle aux feuilles cloquées séduit par les couleurs rouge, jaune ou rosé de ses cardes. À récolter de juillet au gelées pour cuire en gratins. Comptez 1 plant/case.

L'arroche pourpre
Comptez 4 plants/case.

Le chou palmier
Comptez 1 plant/case.

La sauge pourpre
Comptez 1 plant/case.

La sauge pourpre
Comptez 1 plant/case.

L'amarante
Comptez 3 plants/case.

potager pour barbecue

Cueillir sur place les légumes du soleil et les aromates, ça change tout pour bien démarrer une soirée barbecue. Dans un même carré, on peut concentrer les ingrédients de base.

Le persil Plat ou frisé, il accompagne les grillades de viande et de poisson. Comptez 9 plants/case.	**La ciboulette** Plus on la coupe, plus elle repousse. Elle relève les sauces et décore les assiettes. Comptez 5 plants/case.	**La tomate** Misez sur la productivité des tomates-cerises, cocktail ou poire pour l'apéro. Comptez 1 plant/case.
L'estragon Indispensable pour la sauce qui accompagne le poisson grillé. Comptez 3 plants/case.	**Le cerfeuil** Semez entre mars et septembre. Son goût fin et anisé convient aux poissons. Comptez 9 plants/case	
L'aubergine Investissez dans un plant greffé plus résistant aux maladies. Comptez 1 plant/case.	**Le fenouil** Chez lui tout s'utilise : les feuilles, les tiges et les graines pour parfumer poissons et viandes. Comptez 1 plant/case	**Le laurier-sauce** Il faut le tailler régulièrement pour l'empêcher de grandir. On peut récolter ses feuilles toute l'année. Comptez 1 jeune plant/case
Le poivron Attendez la mi-mai pour le planter. Les fruits verts ont besoin de chaleur et de soleil pour se colorer. Comptez 1 plant/case.	**Le romarin** Optez pour une forme rampante qui retombera sur le cadre-bois du carré. Taillez au début du printemps. Comptez 1 plant/2 cases.	**Le thym** Recouvrez de terre la base des tiges pour faciliter la reprise. Taillez-le pour qu'il reste compact. Comptez 4 plants/case.

potager des jeunes pousses

Riches en vitamines et minéraux, les pousses tendres font le bonheur des amateurs de salades. Elles poussent vite et multiplient les saveurs.

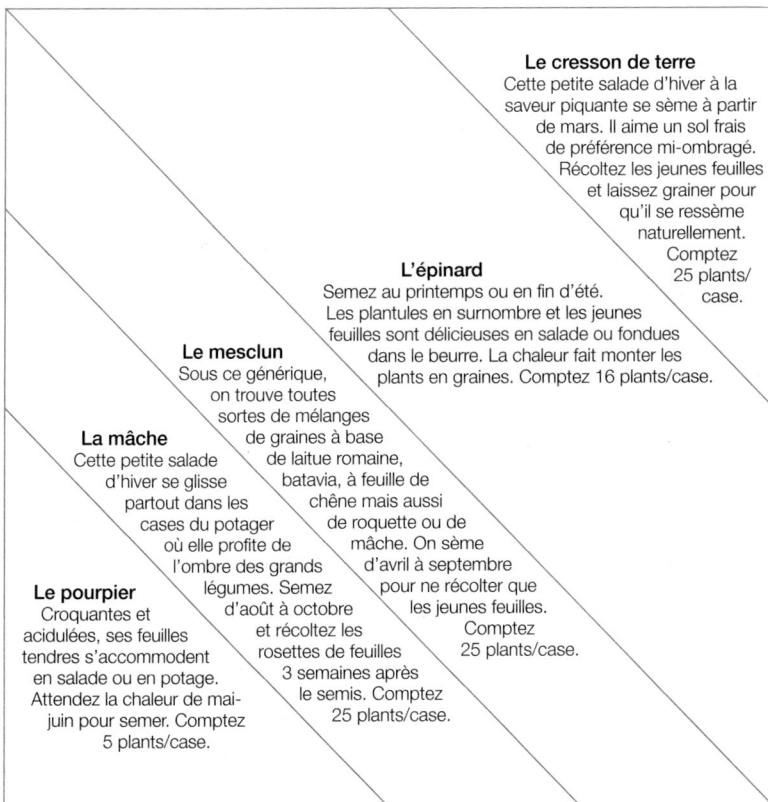

Le cresson de terre
Cette petite salade d'hiver à la saveur piquante se sème à partir de mars. Il aime un sol frais de préférence mi-ombragé. Récoltez les jeunes feuilles et laissez grainer pour qu'il se ressème naturellement. Comptez 25 plants/case.

L'épinard
Semez au printemps ou en fin d'été. Les plantules en surnombre et les jeunes feuilles sont délicieuses en salade ou fondues dans le beurre. La chaleur fait monter les plants en graines. Comptez 16 plants/case.

Le mesclun
Sous ce générique, on trouve toutes sortes de mélanges de graines à base de laitue romaine, batavia, à feuille de chêne mais aussi de roquette ou de mâche. On sème d'avril à septembre pour ne récolter que les jeunes feuilles. Comptez 25 plants/case.

La mâche
Cette petite salade d'hiver se glisse partout dans les cases du potager où elle profite de l'ombre des grands légumes. Semez d'août à octobre et récoltez les rosettes de feuilles 3 semaines après le semis. Comptez 25 plants/case.

Le pourpier
Croquantes et acidulées, ses feuilles tendres s'accommodent en salade ou en potage. Attendez la chaleur de mai-juin pour semer. Comptez 5 plants/case.

potager pyramidal

Prenez de la hauteur en créant un potager à 4 étages. Il faut plus de planches et bien plus de terreau mais l'effet décoratif est garanti. N'hésitez pas à glisser des fleurs entre les légumes.

L'oseille
Perchée en haut de la pyramide, elle sera moins accessible aux escargots. Mais il faudra arroser en été. Comptez 1 plant/case.

Le radis
Semez quand vous le souhaitez à partir de mars. Il faut au minimum 3 semaines de culture pour commencer à récolter. Derrière on peut repiquer des laitues. Comptez 16 plants/case.

Le poireau
Sautez l'étape du semis en repiquant au printemps des plants vendus en bottes. Ils ont le diamètre d'un crayon. Ou même les plants plus fins vendus en pot qui reprennent tout aussi bien. Après récolte, semez de la mâche. Comptez 9 plants/case.

La pomme de terre
Vous pouvez vous amuser à cultiver ce légume-racine malgré le faible rendement. C'est juste pour le plaisir de savourer une poignée de grenaille d'une variété primeur. Comptez 1 tubercule germé/case.

L'oignon blanc
C'est le légume à planter en octobre, après une culture de haricots verts. Comptez 9 bulbilles/case.

Le chou brocoli
Semez entre avril et juillet. Suivez de près l'arrosage pour une croissance régulière. Après la récolte, plantez de l'ail. Comptez 1 plant/case.

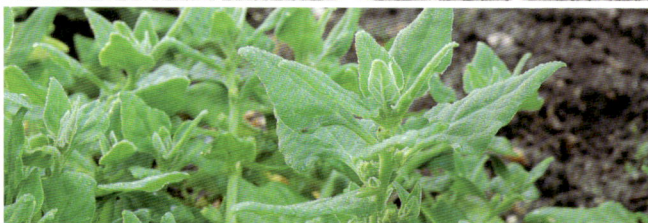

potager des légumes anciens

Remis au goût du jour par les chefs étoilés, les légumes anciens offrent une palette de saveurs uniques. Dédiez-leur un carré entier du potager pour les déguster à moindre frais.

Le topinambour

On aime son goût d'artichaut mais cette vivace prend beaucoup de place avec ses grandes tiges à fleurs jaunes. Récoltez tout en hiver car le moindre fragment de rhizome redonne un plant au printemps. Comptez 1 tubercule/case.

Le crosne du Japon

Plantez en toute fin d'hiver et récoltez par temps sec à partir d'octobre. Un plant donne jusqu'à 10 tubercules au goût fin d'artichaut et de noisette. Comptez 1 rhizome/case.

Le panais

Semez en juin en ajoutant du compost et récoltez 4 mois après, selon vos besoins. Ce légume rustique au goût fort se consomme râpé, en purée ou en potage. Comptez 6 plants/case.

Le persil tubéreux

Ses feuilles remplacent le persil et sa racine se prépare en potée ou en gratin. Semez au printemps et récoltez 6 mois après. Comptez 4 plants/case.

La tétragone cornue

Ses feuilles charnues ont le goût de l'épinard et la plante au port étalé ne craint pas la chaleur. Semez de mars à mai et récoltez 3 mois après. Comptez 1 plant/case.

potager au printemps

La terre qui se réchauffe de jour en jour peut accueillir les semis et les plants à repiquer. Ne remplissez pas les carrés d'un seul coup, quitte à laisser des cases vides pour improviser une culture.

L'oignon rouge Légume-bulbe de la famille des Alliacées. Plantez les petits bulbes en février-mars. Comptez 9 bulbilles/case.	**La fève** Légume-graine de la famille des Fabacées. Semez tôt dès février et plombez avec une planchette. Comptez 5 plants/case.	**Le cresson** Légume-feuille de la famille des Brassicacées. Un semis clair évite d'éclaircir ensuite. Comptez 25 plants/case.
La roquette Légume-feuille de la famille des Brassicacées Semée à partir de mars, elle lève rapidement. Comptez 25 plants/case.	**Le radis** Légume-racine de la famille des Brassicacées. Semez quand vous le souhaitez à partir de mars. Comptez 16 plants/case.	**La laitue** Légume-feuille de la famille des Astéracées. Repiquez des plants vendus en barquette. Comptez 5 plants/case.
Le persil Plante aromatique de la famille des Apiacées. Repiquez des plants vendus en mini-mottes. Comptez 9 plants/case.	**L'épinard** Légume-feuille de la famille des Chénopodiacées. Semez à la volée entre février et avril. Comptez 5 plants/case.	**La carotte primeur** Légume-racine de la famille des Apiacées. Placez un voile de forçage sur le semis. Comptez 9 plants/case.

potager en été

Dans les cases, les légumes d'été succèdent à ceux de printemps. Veillez à ne pas faire se succéder dans la même case des légumes d'une même famille ou dont on récolte des parties semblables.

La poirée Légume-feuille de la famille des Chénopodiacées. Repiquez les jeunes plants dans un coin du potager car le feuillage est volumineux. Comptez 1 plant/case.	**La tomate** Légume-fruit de la famille des Solancées. N'oubliez pas de pailler le pied pour garder la fraîcheur. Comptez 1 plant/case.	**Le poireau** Légume-feuille de la famille des Alliacées. Repiquez serré car vous récolterez les poireaux jeunes. Comptez 9 plants/case.
La betterave Légume-racine de la famille des Chénopodiacées. Vous avez jusqu'en juillet pour semer ce légume à grandes feuilles. Comptez 5 plants/case.	**Le mesclun** Légume-feuille de la famille des Astéracées. Si le semis est trop dense, retirez les jeunes plants en surnombre pour les consommer. Comptez 25 plants/case.	**La courgette** Légume-racine de la famille des Cucurbitacées. Pour gagner de la place laissez-la courir sur un treillage. Comptez 1 plant/case.
Le basilic Plante aromatique de la famille des Lamiacées. Variez les plaisirs en cultivant des variétés aux saveurs différentes. Comptez 6 plants/case.	**Le haricot vert** Légume-graine de la famille des Fabacées. Prévoyez des rames de noisetiers pour qu'il s'agrippe. Comptez 5 plants/case.	**La laitue** Légume-feuille de la famille des Astéracées. Dès qu'elles commencent à se toucher, récoltez les plus grosses. Comptez 5 plants/case.

  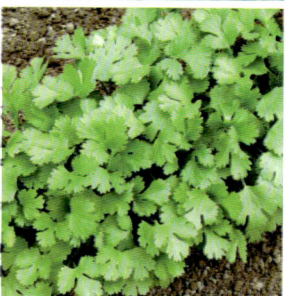

potager à l'automne

La baisse des température et les pluies redonnent un nouveau souffle au potager. Les récoltes se prolongent et de nouveaux légumes assurent la relève.

La poirée Légume-feuille de la famille des Chénopodiacées. Poursuivez les récoltes de feuilles tendres. Comptez 1 plant/case.	**La tomate** Légume-racine de la famille des Solanacées. Elle produit jusqu'en octobre si le mildiou ne vient pas jouer les troubles fêtes. Comptez 1 plant/case.	**Le poireau** Légume-feuille de la famille des Alliacées. N'hésitez pas à réduire le feuillage qui commence à déborder sur les cases voisines. Comptez 9 plants/case.
La mâche Légume-feuille de la famille des Valérianacées. Étalez les semis entre juillet et septembre. Comptez 25 plants/case.	**Le mesclun** Légume-feuille de la famille des Astéracées. Avec un arrosage suivi, on peut continuer à semer tout l'été. Comptez 25 plants/case.	**L'épinard** Légume-feuille de la famille des Chénopodiacées. Attendez la fin des fortes chaleurs pour semer. Comptez 5 plants/case.
Le navet Légume-racine de la famille des Brassicacées. En fin d'été le semis lève vite à condition d'arroser. Comptez 5 plants/case.	**Le chou** Légume-feuille de la famille des Brassicacées. Comme il gagnera en volume, repiquez-le dans une case en bordure de carré. Comptez 1 plant/case.	**La coriandre** Plante aromatique de la famille des Apiacées. Attendez septembre pour la semer en poignées de 4 graines. Comptez 8 plants/case

légumes du potager

ail

Allium sativum Alliacées

— GARLIC —

Bonnes associations
La carotte, la betterave
et la laitue

À surveiller La mouche
de l'oignon, qui creuse
des galeries dans les feuilles
et les caïeux, ainsi que la
rouille, visible sur les feuilles.

Bon à savoir Plantez de l'ail
à proximité des carottes :
il a la propriété d'éloigner
la mouche de la carotte.

L'ail rose et l'ail violet, plus sensibles au froid
que l'ail blanc, ne se plantent qu'au printemps
dans les régions où l'hiver est rude.

Quand ? Plantez les caïeux* en octobre ou novembre
dans les régions où l'hiver est très doux. Partout
où des gelées sont à craindre, mieux vaut attendre
l'arrivée du printemps (février-mars).

Où ? La terre ameublie doit être légère et bien drainée,
surtout pour les plantations d'automne, et ne pas avoir
reçu de fumure récemment. Évitez la proximité des
pois et autres légumineuses car l'azote qu'ils dégagent
perturbe la croissance de l'ail.

Comment ? Enfoncez les caïeux à la main, à 3 cm
de profondeur. La pointe des caïeux doit être placée
vers le haut. Si le sol est argileux, plantez-les sur de
petits billons* en laissant dépasser la pointe. 9 caïeux
par case (30 x 30 cm).

Récolte et conservation Les gousses, et même
le feuillage, peuvent se consommer frais. Lorsque
le feuillage des plants aura jauni (entre juin et août),
arrachez les gousses puis laissez-les sécher deux
à trois jours sur place. Suspendez les bottes,
simplement liées ou tressées, dans un local sec,
à l'abri de la lumière. L'ail blanc et l'ail rose
se conservent respectivement 6 et 9 mois.

artichaut
—ARTICHOKE—
Cynara scolymus Astéracées

Bonnes associations
Le chou, la salade et l'asperge

À surveiller Les pucerons,
qui s'agglutinent sur les feuilles.

Bon à savoir En hiver,
la touffe de l'artichaut résiste
mieux au froid et à l'humidité
si l'on a pris soin de ficeler
le feuillage, de pailler et
de butter le pied.

Cette plante de belle envergure, dont
le feuillage gris est voisin de celui du cardon,
produit dès le mois de juin une fleur d'un bleu
intense très décorative.

Quand ? Semez à chaud en février ou, mieux
encore, plantez les œilletons* au début du printemps
(en septembre dans les régions au climat doux).

Où ? Dans une terre profonde, fraîche et riche
en humus. Ce légume gourmand et au fort
développement redoute la sécheresse.

Comment ? Au semis à chaud de février, toujours
hasardeux, préférez le prélèvement d'œilletons
sur un pied-mère. Retaillez les racines, supprimez
les feuilles de la base et repiquez aussitôt par deux.
Pour assurer une bonne reprise, tasser la terre autour
des plants. Le paillage s'avère très efficace contre
les coups de chaleur en été. 1 plant pour 4 cases
(soit 60 x 60 cm au total).

Récolte et conservation La récolte d'artichauts
produits à partir d'œilletons est correcte dès la
deuxième année. De mai à septembre, lorsque
les écailles commencent à s'écarter, coupez les
têtes avec une partie de la tige. On peut conserver
l'artichaut quelques jours avant de le cuisiner en
plongeant sa tige dans l'eau. Les fonds d'artichaut
se prêtent fort bien à une mise en conserve.

aubergine

—egg plant—

Solanum melongena Solanacées

Pas besoin d'habiter le Midi pour cultiver cette plante plutôt frileuse, aux fruits ronds, en poire ou allongés. Les plants greffés vous feront gagner un temps précieux.

Quand ? Semez à partir de la fin février et durant tout le mois de mars. Si le climat est chaud, mettez les sujets repiqués* en place à la mi-mai. Ailleurs, attendez le début du mois de juin pour les installer ou mettre en place des plants achetés en godets.

Où ? Le semis s'effectue sur couche chaude*, la plantation dans une terre bien réchauffée et enrichie en compost. Au nord de la Loire, un petit tunnel ou une cloche protégera les pieds.

Comment ? Après deux repiquages, sortez les plants d'environ 10 cm de haut pour les endurcir. Plantez-les dans des trous individuels avec deux bonnes poignées de compost. Enterrez la base de la tige et maintenez la plante avec un tuteur. Paillez pour garder le sol frais et propre. Pincez la tige principale puis les rameaux latéraux. 1 plant par case (30 x 30 cm).

Récolte et conservation Coupez le pédoncule de l'aubergine lorsque sa peau est encore ferme et bien colorée. Les aubergines dont la peau est déjà ridée et décolorée permettront de récupérer des graines. Selon les régions, la récolte s'étale de juin à fin septembre. L'aubergine se conserve en bocaux, à l'huile, et peut être consommée en condiment, comme le cornichon.

betterave potagère — BEETROOT —

Beta vulgaris rubra Chénopodiacées

Bonnes associations
Le chou, le céleri et l'ail

À surveiller Le mildiou,
la rouille et la mouche
de la betterave, qui troue
les feuilles.

Bon à savoir Pour récolter
des betteraves tendres,
effectuez un premier semis
début mars.

Plate, longue ou ronde, la betterave se cultive
facilement en trois ou quatre mois.

Quand ? Semez de mi-mars à fin mai, en place
si le climat est doux, sous abri si les gelées persistent
(vous repiquerez* alors en mai-juin).

Où ? La betterave préfère les climats doux mais
elle se plaît partout, à condition que la terre soit bien
ameublie et fertilisée. Elle devient ligneuse si le terrain
est trop sec.

Comment ? Vous pouvez semer en place à 3 cm
de profondeur. La levée est toujours rapide. Il vous
faudra alors éclaircir* les plants un mois plus tard pour
conserver un bon écartement. En cas de sécheresse,
binages et arrosages sont indispensables. 5 plants
par case (30 x 30 cm).

Récolte et conservation Les variétés hâtives
se récoltent à partir de juillet et jusqu'aux gelées ;
les variétés de conservation se récoltent en octobre-
novembre. Arrachez-les à la fourche-bêche, coupez
les racines et le collet*, laissez ressuyer* sur place
pendant 2 jours. Conservez les betteraves à l'abri,
dans du sable, dans une cave ou un cellier.

cardon

Cynara cardunculus Astéracées

Bonnes associations Le radis et la mâche

À surveiller Le puceron et la pourriture pendant le blanchiment.

Bon à savoir Pour occuper le terrain, repiquez des laitues entre les jeunes cardons, dont la croissance est lente.

Généralement cultivé pour ses longues côtes au goût de céleri et d'artichaut, l'imposant cardon est aussi décoratif massifs avec son feuillage bleuté et ses fleurs épineuses sont très décoratifs.

Quand ? Semez directement en place en mai. Blanchissez* à partir de septembre.

Où ? Le cardon apprécie les terres à la fois profondes et riches, toujours fraîches et baignées de soleil.

Comment ? Semez par poquets de 3 graines puis ne gardez que le plus beau plant quand il a 3 ou 4 feuilles. Arrosez copieusement. Dès juillet, aménagez une cuvette d'arrosage et paillez le sol. Au fur et à mesure de vos besoins, provoquez le blanchiment des côtes en ficelant le feuillage puis en entourant le cardon d'un carton ondulé ou d'un paillasson. 1 plant pour 4 cases (60 x 60 cm au total).

Récolte et conservation Les côtes peuvent être consommées moins d'un mois après le blanchiment. La conservation en cave est possible jusqu'en mars, à condition d'arracher les plants, avant les gelées, avec une motte de terre. Vous pouvez aussi stériliser le cardon en bocaux.

carotte

Daucus carota Apiacées

—GARROT—

Primeur ou de saison, la carotte est d'une culture facile : il lui suffit que la terre soit légère et bien travaillée.

Quand ? Semez en février-mars les carottes hâtives, courtes, sous tunnel ou voile de forçage. Semez les variétés de printemps et d'été de février à avril. Les carottes d'automne et d'hiver se sèment en juin et juillet.

Où ? La carotte apprécie les terres légères, humifères, fraîches et bien travaillées. Elle s'adapte à toutes les régions mais préfère les climats tempérés.

Comment ? Semez les graines par trois en les recouvrant d'un peu de sable ou de terreau. Plombez* avec le dos d'un râteau ou une planche. Arrosez en pluie fine pour faciliter la levée, qui peut dépasser trois semaines. Arrosez en cas de sécheresse, binez et buttez légèrement pour empêcher les collets* de verdir. 5 à 9 plants par case (30 x 30 cm).

Récolte et conservation On récolte les premières carottes en avril-mai, soit 2 à 3 mois après le semis. Les variétés longues de pleine terre et les variétés de conservation se récoltent 4 à 5 mois après le semis. En novembre, arrachez vos dernières carottes et laissez-les ressuyer* sur place. Coupez les fanes et conservez les carottes dans du sable. Vous pouvez aussi les congeler après les avoir blanchies.

céleri-branche

Apium graveolens dulce Apiacées

—CÉLERI—

Bonnes associations
Le pois, l'oignon et la tomate

À surveiller La mouche
du céleri, qui dévore
les feuilles, les pucerons
et la pourriture du pied.

Bon à savoir Les variations
brutales de température
en début de culture, de même
que les manques d'eau
temporaires, peuvent entraîner
une montée à graines*
anticipée.

Ce céleri à côtes blanches, vertes, dorées
ou rouges, est apprécié pour son goût
prononcé, qui rappelle celui de l'ache
des montagnes. Le céleri-branche est très
sensible aux variations de température.

Quand ? Semez en mars-avril sur couche chaude*
et mettez en place entre fin mai et fin juin.

Où ? Le céleri-branche apprécie les sols richement
fumés, bien ameublis et toujours frais. Il a besoin
d'un climat doux et humide.

Comment ? Semez en terrine ou en caissette sur
chaleur de fond. Quand les plants ont 2 ou 3 feuilles,
repiquez-les en godets individuels sous châssis.
Dès qu'ils ont une quinzaine de centimètres de haut,
plantez-les dans une case du centre. Vous pouvez
aussi semer en mai ou plus simplement repiquer
des plants du commerce. Arrosez régulièrement
et paillez le sol. Pour les faire blanchir, liez le feuillage
en l'entourant d'un manchon de carton ondulé.
5 plants par case (30 x 30 cm).

Récolte et conservation À partir de juillet, récoltez
le céleri-branche au fur et à mesure des besoins.
Les jeunes feuilles peuvent servir de condiment. Plus
le pied est gros, plus le légume est tendre. Avant
les gelées, arrachez-les tous pour les stocker en
cave, dans du sable ou en jauge*, dans une tranchée
couverte d'un châssis.

céleri-rave

Apium graveolens rapaceum Apiacées

─CELERy ROOT─

─CELERy ROOT─

Bonnes associations
Le poireau, la betterave
et le chou

À surveiller La rouille
et la mouche du céleri,
qui s'attaque aux feuilles.

Bon à savoir Au printemps,
vous fournirez au céleri-rave
la potasse dont il a besoin
en enfouissant au pied,
de la cendre de bois.

La saveur à la fois fraîche et piquante
du céleri rémoulade n'est pas forcément
du goût de tous. C'est dommage, car cette
racine charnue est riche en oligo-éléments
qui favorisent la digestion. Le céleri-rave
est gourmand en fumure ; il lui faut aussi
de copieux arrosages et surtout beaucoup
de place.

Quand ? Semez en mars ou avril, sous abri. Repiquez*
deux fois avant de planter en mai-juin.

Où ? La terre doit être lourde et riche, et garder
la fraîcheur. Le céleri-rave se plaît en climat doux et
humide ; il redoute les gelées printanières tout autant
que la sécheresse en été.

Comment ? Tentez un semis sous châssis, puis
repiquez à 8 cm lorsque les plants ont 3 ou 4 feuilles.
Trois semaines plus tard, repiquez à nouveau
après avoir épointé la racine principale. Arrosez
abondamment, binez et supprimez les pousses
latérales. Arrachez les feuilles à mesure qu'elles
jaunissent. 1 plant par case (30 x 30 cm).

Récolte et conservation De mi-septembre à fin
octobre, arrachez puis coupez feuilles et racines.
Laissez ressuyer* sur place. Dans du sable, à la cave
ou au cellier, le céleri-rave se conservera jusqu'à la fin
février.

chicorée frisée et scarole

Cichorium endivia crispum et latifolium Astéracées

Bonne association
Le chou-fleur

À surveiller La rouille
de la chicorée, la pourriture
du collet*, les escargots
et les limaces.

Bon à savoir Dix jours avant
la récolte, liez le feuillage
des scaroles et coiffez
les frisées d'un pot de terre
ou d'une feuille de rhubarbe :
ainsi blanchies, elles seront
plus tendres.

Tout en dentelle comme les frisées ou à grosse pomme serrée comme les scaroles, les chicorées nous offrent leur cœur tendre. Les nouvelles variétés, moins amères, blanchissent spontanément et ne montent plus à graines*.

Quand ? La chicorée peut être semée à partir d'avril sur couche chaude*. Repiquez les plants 10 jours après la levée. Mieux vaut attendre que les conditions météorologiques soient bonnes, en juin et juillet, pour commencer la culture en plein air.

Où ? La chicorée frisée apprécie les terres fraîches, de préférence humifères, et les climats doux.
La scarole est moins sensible au froid que la frisée.

Comment ? Semez sur couche chaude* et repiquez lorsque les plantules ont 4 ou 5 feuilles. Pour une culture en plein air, semez clair en pépinière puis repiquez trois semaines plus tard. Vous trouverez aisément dans le commerce des plants prêts à être repiqués. 5 plants par case (30 x 30 cm).

Récolte et conservation Récoltez ces salades au fur et à mesure de vos besoins car elles se conservent mal — 3 jours tout au plus dans le bac à légumes du réfrigérateur. Les scaroles peuvent passer l'hiver sous un châssis ou un petit tunnel.

chou brocoli

‑SPROUTING BROCCOLI‑

Brassica oleracea italica Brassicacées

Bonnes associations
Le céleri et la carotte

À surveiller L'altise, la piéride
et la mouche du chou.

Bon à savoir Durant tout
le printemps, vous trouverez
sur le marché des plants
à repiquer, et en jardinerie
des sujets en godets qui
vous éviteront de procéder
à des semis parfois capricieux.

Ce chou d'origine italienne, excellent pour
la santé, connaît un regain d'intérêt certain.
Comme dans le chou-fleur, ce sont les
bouquets floraux que l'on consomme
avant éclosion.

Quand ? Semez d'avril à juin et repiquez cinq
semaines après le semis.

Où ? Le chou brocoli aime les terrains frais, bien
ameublis, fumés à l'automne, et les climats doux
et humides.

Comment ? Effectuez les semis en pépinière
et repiquez les plants quand ils ont 5 ou 6 feuilles.
Plantez-les dans les cases du bord, en bornant*
les pieds. Éliminez les plants mal formés. Pour
assurer la reprise, arrosez copieusement et paillez
le sol. 1 plant par case (30 x 30 cm).

Récolte et conservation Entre le semis et la récolte,
comptez au minimum 90 jours. Récoltez le matin,
de juillet à novembre, des jets fermes, bien serrés
et d'environ 15 cm de long. Cassez-les à la main
en veillant à préserver les yeux de la base.

chou de Bruxelles

BRUSSELS SPROUTS

Brassica oleracea gemmifera Brassicacées

Bonnes associations
La laitue et l'épinard

À surveiller Les chenilles de la piéride du chou et l'altise, qui poinçonne les feuilles.

Bon à savoir Pour occuper le terrain, n'hésitez pas à semer des salades, de la chicorée ou de la mâche entre les jeunes pieds de choux de Bruxelles.

En hiver, lorsque le potager n'a plus grand-chose à offrir, ce chou occupe le terrain. Quel plaisir de redécouvrir le véritable goût de ses petites pommes vertes qui se bonifient avec le froid.

Quand ? Semez en mars-avril les variétés hâtives, et de mi-mai à mi-juin les variétés d'hiver. Repiquez en juin-juillet.

Où ? Dans toute bonne terre profonde, mais attention : trop de fumure ferait éclater les pommes. Il aime les climats frais, a besoin de soleil et de place pour se développer harmonieusement.

Comment ? Semez sous châssis froid ; au bout de 3 semaines, éclaircissez ou repiquez à 8 cm d'intervalle. Lorsque les plants ont 6 ou 7 feuilles, installez-les dans les carrés. Binez pour désherber le pied et tuteurez les variétés hautes exposées au vent. 1 plant par case (30 x 30 cm).

Récolte et conservation Après les premières gelées blanches, commencez par récolter les pommes du bas de la tige. La récolte se prolonge jusqu'en fin d'hiver. Les choux de Bruxelles se cuisent sitôt cueillis mais on peut aussi les congeler.

chou frisé

–KALE–

Brassica oleracea acephala Brassicacées

Bonnes associations
La poirée, le haricot et le céleri

À surveiller La mouche
du chou et le mildiou.

Bon à savoir Pour égayer
le potager décoratif, procurez-
vous des plants de choux
frisés ornementaux de type
palmier, désormais vendus
en conteneurs dans
les jardineries.

D'une rusticité à toute épreuve, ce chou vert
ne pomme pas mais forme une rosette de
feuilles frisées ou moussues, plus tendres
après les gelées.

Quand ? Semez de fin mars à début juin.

Où ? Le chou frisé apprécie les sols consistants,
riches, frais et bien drainés. Cultivez-le en climat
humide, et toujours sous une exposition ensoleillée.

Comment ? Semez-le en pépinière. Repiquez les
plants une première fois après l'apparition de 2 ou
3 feuilles, en les espaçant de 10 cm, puis, au stade
5 ou 6 feuilles, en prenant soin de bien borner*
les plants préalablement pralinés*. Vous trouverez
aisément, dans le commerce, des plants à repiquer.
1 plant par case (30 x 30 cm).

Récolte et conservation Récoltez feuille à feuille au
fur et à mesure de vos besoins, de novembre à début
mars. Les grandes feuilles ne craignent pas le froid ;
une fois récoltées, il faut cependant les cuisiner sans
tarder.

chou pommé — CABBAGE —

Brassica oleracea capitata Brassicacées

Bonnes associations
La laitue, le pois, et la tomate

À surveiller La piéride
du chou, la mouche du chou,
la rouille, le mildiou, la hernie
du chou, qui déforme le collet*
de la plante, et les limaces.

Bon à savoir En automne,
ne semez pas trop tôt
vos choux de printemps :
ils risquent de monter
à graines* sans pommer.

Le chou cabus, rouge ou vert à feuilles lisses,
et le chou de Milan, à feuilles cloquées,
forment tous deux une pomme tendre.

Quand ? Semez en février-mars les choux d'été et
d'automne, d'avril à juin les choux d'hiver, en août-
septembre les choux de printemps.

Où ? Le chou pommé apprécie les sols profonds,
riches en humus, frais mais bien drainés. Il exige
une bonne humidité atmosphérique.

Comment ? Effectuez vos premiers semis sous abri.
Repiquez un mois plus tard en pépinière, quand 2 ou
3 feuilles sont apparues, en laissant 10 cm entre les
plants. Mettez en place courant mai. Faites vos semis
d'été à mi-ombre et arrosez jusqu'à la levée. Repiquez
quand 5 ou 6 feuilles sont apparues. Vous trouverez
aussi sur le marché et en jardinerie des plants de
nombreuses variétés, prêts à être repiqués. Pendant
toute la croissance des choux, maintenez le sol frais
et propre. 1 plant par case (30 x 30 cm).

Récolte et conservation Récoltez vos choux au fur
et à mesure de vos besoins, lorsque la pomme est
bien formée et surtout avant qu'elle n'éclate. Les
choux d'automne et d'hiver évoluent moins vite et
peuvent rester en place tout l'hiver. Une fois coupés,
les choux pommés se conservent une bonne semaine
au frais.

-CUCUMBER, Dill pickel-

concombre et cornichon
Cucumis sativus Cucurbitacées

Bonnes associations
Le haricot, le céleri, le petit
pois et la carotte

À surveiller L'araignée rouge,
le mildiou et la fusariose,
qui flétrit les tiges.

Bon à savoir Si vous
n'arrosez pas régulièrement
vos concombres, ils risquent
d'être amers.

Le cornichon n'est autre qu'un concombre
sélectionné pour être récolté très jeune.
C'est un légume idéal pour les débutants,
car il n'exige aucune taille.

Quand ? Semez sous abri en mars-avril ou en place
vers la mi-mai.

Où ? Ils apprécient les sols riches, légèrement acides
et frais, un fort ensoleillement et beaucoup de chaleur.

Comment ? Lorsque les gelées ne sont plus à
craindre, semez directement en place ou installez des
plants du commerce dans un trou rempli de compost.
Paillez le sol et protégez la culture avec un petit tunnel
si nécessaire. Une fois les plants endurcis, installez un
support de palissage. Arrosez tous les jours par temps
sec et bassinez le feuillage. Pincez la tige au-dessus
de la troisième feuille puis les rameaux secondaires
au-dessus de la quatrième feuille. 1 plant par case
(30 x 30 cm).

Récolte et conservation Récoltez les concombres
entre la fin juin et la mi-septembre, quand ils mesurent
entre 15 et 25 cm, et les cornichons quand ils ont
entre 5 et 7 cm de long. Les concombres se gardent
une bonne semaine au frais. Quant aux cornichons,
ils peuvent se récolter tous les deux jours. Pour les
cornichons au vinaigre : brossez-les, les frottez-les
avec un tissu, puis mettez-les 24 heures à dégorger
en alternant les couches de sel.

courge et pâtisson

— SQUASH —

Cucurbita moschata et Cucurbita pepo Cucurbitacées

Bonnes associations
Le maïs et le haricot

À surveiller Les souris,
qui déterrent les graines,
les limaces, les pucerons
et l'oïdium.

Bon à savoir Pour faciliter
la levée, laissez tremper
les graines une demi-journée
dans l'eau avant de les semer.

Ces Cucurbitacées aux formes extraordinaires
et aux couleurs inattendues sont un régal pour
les yeux mais aussi pour le palais. Il leur faut
cependant beaucoup de place.

Quand ? Semez à chaud en avril ou directement
en place quand tout risque de gelée est écarté (vers
la mi-mai).

Où ? Le sol doit être léger, profond et frais, avec
une riche fumure. Courges et pâtissons apprécient
la chaleur et les expositions ensoleillées.

Comment ? Semez 2 à 3 graines par godet et
ne gardez ensuite que la plus belle des plantules.
Repiquez dans de larges trous remplis d'une pelletée
de compost bien mûr. Le semis direct en place
s'effectue dans une terre bien réchauffée ou sous
cloche. Prévoyez 3 ou 4 graines par poquet*. Ne
gardez que le plus beau plant quand deux vraies
feuilles sont apparues. Pincez les plantules puis
les rameaux secondaires des variétés coureuses.
Maintenez le sol propre en binant, arrosez en été
et paillez la base des plants si nécessaire. 1 plant
par carré (120 x 120 cm).

Récolte et conservation Récoltez les courges avec
leur pédoncule avant les gelées, vers la mi-octobre.
Conservez-les à l'intérieur ou dans un local chauffé en
pleine lumière. Elles se conservent ainsi plusieurs mois,
à condition de ne pas être empilées et de ne pas avoir
subi de choc.

courgette

-ZUCCHINI-

Cucurbita pepo Cucurbitacées

La courgette se consomme crue, gratinée, en purée, farcie ou en ratatouille, et ses grandes fleurs jaunes sont délicieuses en beignets. La culture de cette courge aux fruits verts, blancs ou jaunes est tout à fait à la portée du jardinier débutant.

Quand ? Semez sous abri dès avril, ou en place en mai.

Où ? La courgette apprécie les sols profonds, riches en humus et qui restent frais. Il lui faut du soleil, de la chaleur et de l'espace.

Comment ? Vous trouverez dans le commerce des plants à mettre en place dans des trous préalablement enrichis de 2 à 3 litres de compost. Deux plants de courgette coureuse à faire grimper sur un treillage métallique sont suffisants. Si vous semez en place, attendez que le sol soit bien réchauffé. Glissez 3 graines par poquet*, arrosez copieusement et paillez le sol. 1 plant par case (30 x 30 cm).

Récolte et conservation Les courgettes se récoltent deux mois après les semis et jusqu'à la mi-octobre, quand elles sont encore jeunes et tendres. Les courgettes se conservent au moins 2 semaines à l'abri de la chaleur. On peut aussi les couper en rondelles et les blanchir avant de les mettre au congélateur.

— GREEN ONION —

échalote
Allium ascalonicum Alliacées

Dans une salade, les feuilles de l'échalote jeune peuvent remplacer la ciboulette. Le semis est à réserver aux climats chauds ; préférez-lui la plantation.

Quand ? L'échalote grise ou échalote ordinaire se plante en octobre. Les caïeux* des autres variétés se plantent entre février et la fin mars. Procurez-vous des semences certifiées indemnes de virus.

Où ? L'échalote redoute l'humidité et les fumures récentes. Elle apprécie les sols sableux et perméables. Dans une terre lourde, cultivez plutôt l'échalote rose sur billons*.

Comment ? Enfoncez à la main les caïeux. La pointe, dirigée vers le haut, doit dépasser légèrement. Binez régulièrement et n'arrosez pas. 9 caïeux par case (30 x 30 cm).

Récolte et conservation En juillet, lorsque le feuillage jaunit, arrachez les échalotes et laissez-les ressuyer sur place, au soleil, pendant deux jours. Étalez-les ensuite sur le plancher d'un grenier ou suspendez-les dans tout autre local sec mais bien aéré. L'échalote grise se conserve jusqu'à la fin du printemps de l'année suivante.

épinard

-SPINACH-

Spinacia deracea Chénopodiacées

Bonnes associations
Le haricot et la carotte

À surveiller Les feuilles
décolorées et déformées
par la présence d'un virus
et le mildiou.

Bon à savoir Plusieurs semis
de printemps, à 3 semaines
d'intervalle, permettent
d'échelonner les récoltes.

L'épinard, riche en vitamines et en sels minéraux, se mange cuit ou cru, en salade. La culture de l'épinard est des plus simples.

Quand ? Semez en place, en mars-avril sous climat frais, en août-septembre dans les régions aux étés secs.

Où ? L'épinard apprécie les terres fortes, riches en humus et gardant bien la fraîcheur. Il supporte mal la chaleur. Les semis de printemps se font donc en situation mi-ombragée. La pose d'un petit tunnel permet de prolonger la récolte en hiver.

Comment ? Semez léger au fond d'un petit sillon de 2 ou 3 cm de profondeur. Tassez et arrosez. Lorsque les plants ont 3 ou 4 feuilles, il faut éclaircir et consommer aussitôt les plants en surnombre. Paillez et arrosez à volonté. 5 plants par case (30 x 30 cm).

Récolte et conservation La récolte peut commencer 6 semaines après le semis : à partir d'octobre pour les semis d'automne, à partir de mai pour les semis de printemps. Ne coupez que quelques feuilles de chaque pied, en épargnant le cœur qui continuera ainsi à produire. Si le plant commence à monter à graines, coupez toutes les feuilles et consommez-les sans tarder. Vous pouvez aussi les blanchir pour les conserver en bocaux, dans des pots de grès avec une couche de saindoux, ou plus simplement au congélateur.

fenouil bulbeux

– FENNEL –

Foeniculum dulce Apiacées

Bonne association
Le poireau

À surveiller Des parasites sans gravité sur la partie externe du « bulbe ».

Bon à savoir Les jeunes plants seront buttés très tôt pour aider la base des feuilles à blanchir : le « bulbe » sera ainsi plus tendre.

Le parfum anisé et le goût sucré de ce « bulbe » blanc et tendre, riche en fer et en vitamines, lui permettent d'accompagner de façon originale la viande comme le poisson. Son feuillage finement découpé agrémente les sauces et les salades.

Quand ? Semez d'avril à mai, directement en place, sur une terre réchauffée. Dans le Midi, les semis d'été sont recommandés.

Où ? Le fenouil apprécie les sols riches et frais et les expositions ensoleillées mais il redoute la sécheresse.

Comment ? Semez en prenant soin de recouvrir les graines de compost. Damez avec le dos du râteau puis arrosez. Quand les plants ont environ 10 cm de haut, il est nécessaire de les éclaircir. Le fenouil est frileux : vous pouvez aussi le semer sous châssis et ne le mettre en place qu'après les gelées. Arrosez copieusement pour retarder la montée à graines* et buttez deux fois pour recouvrir le bulbe d'une quinzaine de centimètres. 5 plants par case (30 x 30 cm).

Récolte et conservation Une centaine de jours après le semis, récoltez au fur et à mesure de vos besoins les « bulbes » de fenouil qui ont la taille d'un gros poing. Ils se conserveront une bonne semaine dans le bac à légumes du réfrigérateur. Les derniers fenouils récoltés avant les gelées peuvent être conservés à la cave, dans du sable.

haricot

-BEANS-

Phaseolus vulgaris Fabacées

Bonnes associations
La carotte et le radis

À surveiller Les limaces,
qui détruisent les plantules,
la rouille, le botrytis et
l'anthracnose, qui noircit
les gousses.

Bon à savoir Pour lutter
contre les pucerons,
pulvérisez une infusion
diluée à 5 % de feuilles
de rhubarbe.

Haricots verts, haricots à grains et mangetout,
disponibles sous forme naine ou à ramer* :
le jardinier n'a que l'embarras du choix.
La culture du haricot est très facile, et les
récoltes souvent généreuses.

Quand ? Semez à partir de la fin mars dans les
régions méridionales si le sol est bien réchauffé,
de mi-mai à mi-juillet dans les autres régions.

Où ? Le haricot apprécie les sols anciennement
fumés, légers, frais et non calcaires, ainsi que les
expositions chaudes et ensoleillées.

Comment ? Les graines des variétés naines se
sèment en place à 3 cm de profondeur. Pour les
variétés grimpantes, semez les graines en poquets*
de 6 à 8 graines au pied de filets à ramer ou le long
de rames* de noisetier. Arrosez au pied pour que le sol
reste frais et buttez pour soutenir les plants. 5 plants
par case (30 x 30 cm).

Récolte et conservation Comptez deux mois entre
le semis et la récolte des haricots verts, trois pour les
haricots à grains frais et cinq mois pour les haricots
à grains secs.. Les haricots verts se conservent en
bocaux au naturel ou congelés. Les haricots à grains
frais peuvent eux aussi être conservés au congélateur,
après avoir été blanchis 2 minutes.

laitue
Lactuca sativa Astéracées

-lettuce-

Bonnes associations
La carotte, le radis et le haricot

À surveiller Les limaces,
les pucerons des racines,
le mildiou, le botrytis et la fonte
des semis*.

Bon à savoir Échelonnez vos
semis et repiquages de façon
à étaler les récoltes.

Pommées, batavias, romaines ou à couper :
le choix des variétés de laitue à semer est
impressionnant, mais on peut préférer repiquer
des plants achetés en barquette.

Quand ? Les laitues pommées de printemps se
sèment de février à mars, les laitues pommées d'été
et d'automne de mars à la mi-juillet, et les laitues
pommées d'hiver en septembre et octobre. Semez
les laitues romaines de mars à juin, et les laitues
à couper de mars à mi-août.

Où ? La laitue apprécie les sols riches en humus,
bien travaillés et frais.

Comment ? Semez les laitues de printemps sur
couche chaude*, éclaircissez ou repiquez à 20 cm
dès que les plants ont 3 ou 4 feuilles. Semez les laitues
d'été et d'automne en pépinière, ou directement en
place. Recouvrez de terre fine, damez et arrosez.
Les plants vendus en barquette doivent être
repiqués en veillant à ce que le collet* dépasse
légèrement le niveau du sol. 5 plants par case
(30 x 30 cm).

Récolte et conservation Comptez entre 2 et 3 mois
après le semis pour les laitues de printemps et d'été,
8 mois pour les laitues d'hiver. Les laitues à couper
se récoltent feuille à feuille entre 3 et 7 semaines après
le semis. Elles se renouvellent après chaque coupe.
Les laitues se conservent deux ou trois jours au
réfrigérateur.

mâche

Valerianella locusta Valérianacées

— LAMB'S lETTUCE, CORN SAlAD —

Bonne association Le poireau

À surveiller Le dépôt blanchâtre qui apparaît sur la face supérieure des feuilles est dû au mildiou.

Bon à savoir En cas de fortes chaleurs, sauvez vos semis en leur apportant un peu d'ombre.

Cette salade rustique et miniature aux rosettes de feuilles épaisses vert foncé se cultive avec bonheur. Ses vertus adoucissantes lui ont valu le joli nom de doucette.

Quand ? Semez de fin juillet à octobre, de préférence en automne sous climat chaud.

Où ? Il lui faut une exposition ensoleillée, une terre fraîche et plutôt argileuse.

Comment ? Griffez le sol et semez sur une ligne, à la volée*. Recouvrez à peine les graines de terre puis tassez-la fermement. Si vous avez eu la main trop lourde, éclaircissez quand les plants ont 4 ou 5 feuilles. Poursuivez les arrosages jusqu'à la levée. Certaines variétés supportent bien le froid, mais la pose d'un voile de forçage est conseillée dans les régions où l'hiver est rude.16 plants par case (30 x 30 cm).

Récolte et conservation D'octobre au printemps, coupez les rosettes selon vos besoins, juste au-dessus du collet*. Nettoyez-les sous un filet d'eau et consommez-les aussitôt, car elles fanent rapidement.

maïs doux
Zea mays Poacées

Bonne association
Le haricot

À surveiller Les galeries
creusées dans les tiges
par les chenilles des pyrales
et le charbon sur les épis.

Bon à savoir Le maïs
s'hybride si facilement
qu'il vaut mieux ne cultiver
qu'une seule variété,
et racheter chaque année
des semences pures.

- CORN ON A COB -

Énergétique et riche en vitamines, ce légume
américain croquant et sucré fait la joie des
enfants. À cultiver en écran au potager.

Quand ? Semez en avril-mai après les gelées,
ou dès mars en godet, sous abri.

Où ? Il lui faut une exposition ensoleillée, une terre
profonde et riche, bien travaillée et réchauffée.

Comment ? Semez en place, en poquets de 3 ou
4 graines. Arrosez, éclaircissez et buttez lorsque
les plants vous arrivent à la cheville. 3 plants par
case (30 x 30 cm).

Récolte et conservation Récoltez les épis avant
maturité, de mi-juillet à septembre, lorsque les grains
laiteux sont encore tendres sous la pression du pouce.
Conservez leur enveloppe si vous voulez les faire griller.
Le maïs à éclater se récolte bien mûr ; on suspend les
épis dans un local sec et aéré. Les épis des variétés
miniatures sont mis au vinaigre.

melon

Cucumis melo Cucurbitacées

—MELON—

Bonnes associations
La laitue et le haricot nain

À surveiller Les pucerons,
l'oïdium et l'anthracnose,
qui macule les feuilles de brun.

Bon à savoir Facilitez-vous
la vie en achetant, en mai,
des plants en godet d'une
variété qui n'exige pas
de taille.

La chair colorée, tendre et sucrée de ce fruit
juteux récompense cinq mois de culture
attentive. En climat tempéré, il doit être cultivé
sous abri, car il lui faut beaucoup de chaleur.

Quand ? Semez en mars-avril, sous abri chauffé,
pour une culture hâtée, ou en avril-mai, en place,
pour une culture en plein air.

Où ? Le melon aime les sols profonds, enrichis
en terreau et frais. Il apprécie la chaleur de régions
comme le Midi et le Sud-Ouest : ailleurs, il faudra hâter
sous abri la culture des variétés précoces.

Comment ? Semez 3 graines par godet. Plantez fin
mai, sous cloche, à raison de deux plants par poquet*
rempli de compost. Arrosez au goulot avec de l'eau
à température ambiante, aérez et protégez les plants
du soleil direct. Étêtez en coupant au-dessus des deux
premières vraies feuilles. Pincez régulièrement. Dès
que les fruits ont la taille d'un œuf de pigeon, pincez
la tige porteuse à deux feuilles au-dessus. 2 plants
pour 4 cases (60 x 60 cm au total).

Récolte et conservation Le melon est prêt à être
récolté lorsque la base du pédoncule présente une
décoloration circulaire et se décolle du fruit : il se
sera écoulé 4 ou 5 mois depuis le semis. Avant de
le consommer, laissez le melon parfaire sa maturation
deux à trois jours dans la cuisine.

navet

— wild turnip —

Brassica rapa Brassicacées

Rond, plat, long ou demi-long, le navet se
décline en blanc, noir, jaune et rose. Qu'il soit
primeur ou d'hiver, en condiment ou glacé,
on recherche sa chair tendre et sa saveur
sucrée, voire piquante.

Quand ? Semez entre la mi-mars et la mi-mai
les navets de printemps et d'été, de mi-juillet
à mi-septembre les navets d'automne et d'hiver.

Où ? La terre doit être à la fois riche, légère, fraîche
et ameublie. Le navet devient fibreux si le terrain est
trop calcaire. Il apprécie les climats tempérés
et redoute la sécheresse de l'été.

Comment ? Semez clair, en ligne ou à la volée.
Damez le sol avec une planche ou le dos du râteau.
Quand les plants ont 2 ou 3 feuilles, éclaircissez à
20 cm. Binez en cours de culture, arrosez souvent
et paillez si nécessaire. 5 plants par case (30 x 30 cm).

Récolte et conservation Récoltez les navets
primeurs, plus petits, avant qu'ils ne deviennent durs
et filandreux. Les navets de garde restent en place
jusqu'en novembre ; arrachez-les et coupez leur
feuillage avant de les stocker dans du sable à
la cave ou dans un silo creusé au jardin. Il faut compter
2 mois entre le semis et la récolte pour les navets
de printemps, 3 mois pour les navets d'automne.

oignon

— ONION —

Allium cepa Alliacées

Bonnes associations
La carotte, la laitue,
le cornichon et la tomate

À surveiller Le mildiou,
la rouille, la pourriture du bulbe
et la mouche de l'oignon.

Bon à savoir Couchez les
tiges avec le dos du râteau
pour hâter la maturation
des bulbes.

Oignon blanc d'été, oignon jaune ou rouge
d'hiver : on ne saurait cuisiner sans lui. Après
séchage, les oignons colorés se conservent
tout l'hiver.

Quand ? Vous pouvez aussi acheter des oignons
à repiquer dès l'automne, sous climat doux, ou
en février-mars dans les régions plus froides.

Où ? L'oignon aime les terres fertiles, bien ameublies,
de préférence légères et sans excès d'humidité.
L'exposition doit être ensoleillée.

Comment ? Le semis de printemps s'effectue en
enterrant légèrement les graines. Plombez* les graines,
terreautez et éclaircissez à 5 cm, puis à 10 cm.
Le semis d'automne s'opère en semant en pépinière
à la volée* ou dans un sillon plat. Repiquez en place
tous les 8 à 10 cm après avoir préparé les plants :
coupez l'extrémité des feuilles et raccourcissez
les racines à 1 cm du bulbe. Le bornage* à l'aide
d'un plantoir est indispensable. 9 bulbes par case
(30 x 30 cm).

Récolte et conservation Les oignons blancs se
récoltent d'avril à fin juin. Les oignons de couleur
ne se déterrent de juillet à septembre. Laissez-les
sécher au soleil avant de les stocker sur des clayettes,
ou bien tressez-les pour les suspendre au grenier.
Vous pourrez les conserver tout l'hiver.

oseille commune

Rumex acetosa hortensis Polygonacées

— COMMON SORREL, GARDEN SORREL —

Bonnes associations
Le radis et le persil

À surveiller Les premières gelées arrêtent la production, sauf si les plants ont été installés sous tunnel.

Bon à savoir Récoltez régulièrement les plus grandes feuilles afin de stimuler la production de feuilles tendres et moins acides.

Cette cousine de la rhubarbe, aux feuilles tendres et acidulées, s'utilise dans les soupes, les veloutés et les omelettes, mais elle accompagne aussi très bien les viandes. La culture de l'oseille est facile.

Quand ? Semez de mi-mars à mi-juin. Plantez les sujets en godets au printemps ou à l'automne. Divisez les touffes en mars-avril.

Où ? Dans une terre franche et riche, qui garde bien la fraîcheur en été. Évitez les terrains calcaires.

Comment ? Semez en ligne, plombez* les graines, arrosez puis éclaircissez à 20-30 cm. Plantez les éclats des touffes âgées de 3 ans ou les plants achetés en godets après avoir mis un peu de compost au fond du trou. Binez et arrosez en cas de sécheresse. Ne laissez pas l'oseille monter à graines*. 1 plant par case (30 x 30 cm).

Récolte et conservation Vous pourrez commencer à récolter les feuilles, une à une, 3 mois environ après le semis. Le printemps et l'automne sont les meilleures périodes pour cueillir des feuilles tendres et qui flétrissent rapidement une fois coupées. Vous pouvez congeler votre surproduction, la sécher ou la conserver après blanchiment* : vous la consommerez l'hiver venu avec des épinards.

pastèque

Citrullus vulgaris Cucurbitacées

— WATER MELON —

Bonnes associations
Aucune, tant elle prend
de place !

À surveiller La mosaïque
de la pastèque et l'oïdium.

Bon à savoir Tapez
du poing sur la pastèque :
si elle résonne, elle est mûre.

Contrairement au melon, cette plante
rampante spectaculaire ne nécessite aucune
taille. La clef de sa réussite : de l'espace
et un été bien chaud.

Quand ? Semez en mars-avril à chaud* pour
une culture hâtée, ou directement en place en mai.

Où ? La pastèque aime les sols légers, profonds
et enrichis en humus, les expositions ensoleillées.
Cultivez-la plein sud.

Comment ? Semez 3 graines par godet sur couche
chaude*. Comme pour le melon, ne gardez que la
plus vigoureuse des plantules, que vous pincerez
au-dessus de la troisième feuille. Plantez dans des
poquets de 30 cm remplis de compost. Arrosez
copieusement. On peut aussi semer directement
en place en mai. 1 plant par carré (120 x 120 cm).

Récolte et conservation Les gros fruits se récoltent
en septembre-octobre, quand la vrille du pédoncule
est sèche et le feuillage fané. La pastèque se conserve
bien dans un local aéré et frais.

poireau

-LEEK-

Allium porrum Alliacées

Bonnes associations
Le céleri, le salsifis et le fenouil

À surveiller Le mildiou,
la rouille, la mouche de
l'oignon et la teigne du
poireau, qui creuse la tige
et fait dépérir les feuilles.

Bon à savoir Avant de
les repiquer, les jardiniers
plongent les jeunes plants
dans diverses solutions à base
d'eau de Javel, de pyrèthre
ou de produits anti-vers du
commerce.

Le poireau est considéré comme le légume
d'hiver par excellence, mais il se récolte toute
l'année. Dans le potager en carrés on le
récolte très jeune.

Quand ? Semez en ligne entre la fin février et la fin
avril, puis repiquez à partir de mai. Si vous avez acheté
de jeunes plants, repiquez-les entre juin et septembre.
Vous pouvez aussi semer directement en place,
mi-septembre.

Où ? Le poireau apprécie les sols lourds mais bien
ameublis et enrichis de fumure.

Comment ? Semez clair, en pépinière, à la volée ou
dans un sillon peu profond. Maintenez la terre humide
jusqu'à la levée. Quand les plants ont la grosseur
d'un crayon, repiquez-les en place, dans un sillon
profond de 8 cm, après avoir coupé le feuillage de
moitié et raccourci les racines à 1 cm. Bornez* les
plants. 9 plants par case (30 x 30 cm).

Récolte et conservation Comptez 5 à 7 mois entre
le semis de printemps et la récolte. Les poireaux
d'hiver se récoltent d'octobre à mars, au fur et à
mesure des besoins. Ils se conservent moins d'une
semaine au frais mais on peut les préparer en bocaux,
à la grecque, utilisez le vert du feuillage dans des
soupes et congelez la surproduction.

poirée

Beta vulgaris cicla Chénopodiacées

— CHARD —

Bonnes associations
L'oignon et le navet

À surveiller Les limaces,
le puceron, le mildiou
et la rouille.

Bon à savoir Laissez
s'écouler trois années avant
de cultiver à nouveau des
poirées ou des betteraves
sur la même parcelle.

Les cardes blanches, jaunes, rouges ou
orangées de la poirée et son feuillage gaufré
la rendent très décorative. Sa culture est
à la portée du débutant.

Quand ? Semez en place d'avril à juin, ou dès mars
sous châssis. Plantez en mai, au soleil ou à mi-ombre,
les sujets achetés en godet.

Où ? Cette cousine de la betterave se cultive dans
des terrains profonds, enrichis en humus et gardant
bien la fraîcheur.

Comment ? Semez de préférence en place,
en poquets* de 2 à 3 graines, distants de 40 cm.
Éclaircissez quand les plants ont 2 feuilles pour ne
garder que le plus beau. Binez et arrosez. 1 plant
par case (30 x 30 cm).

Récolte et conservation La récolte se fait feuille
à feuille, de juillet jusqu'aux premières gelées,
en décollant les plus belles côtes. Le feuillage se
consomme comme celui de l'épinard. Les cardes
épluchées se conservent bien en bocaux ou au
congélateur.

pois

Pisum sativum Fabacées

— PEA —

Bonnes associations
Le chou, le radis et la carotte

À surveiller Les oiseaux,
les limaces, l'oïdium,
le puceron, la tordeuse
du pois, qui s'attaque
aux grains.

Bon à savoir Plantez des
salades à l'emplacement
de vos pois après la récolte :
leurs racines, restées en terre,
enrichissent le terrain en azote.

Les variétés à grains ronds sont plus
résistantes au froid et à l'humidité, celles
à grains ridés s'adaptent mieux à la chaleur.

Quand ? Semer les variétés précoces à grains ronds
en octobre-novembre, sous climat doux. Ailleurs,
semez de février à juin.

Où ? Le pois aime les sols frais, légers et bien
ameublis, les expositions ensoleillées au centre
du potager.

Comment ? Disposez les graines à 3 ou 4 cm
de profondeur. Si vous avez opté pour une variété
à rames*, il est indispensable de ficher en terre,
tous les 40 cm, des rameaux de noisetier ou les
filets du commerce. Opérez quand les plants auront
atteint 10 à 15 cm de haut et après les avoir buttés.
Les semi-nains seront soutenus par deux rangs de
ficelle tendus entre des piquets. Les nains, au port
buissonnant, se tiennent tous seuls. 9 graines par
case (30 x 30 cm).

Récolte et conservation Passez tous les deux jours
dans les rangs pour récolter les pois parvenus à
maturité. Les mangetouts se récoltent lorsque les grains
commencent à se former. Cueillez les pois sans tirer
sur les tiges, car vous pourriez arracher le pied.

pois chiche   — CHick PEA —

Cicer arietinum Fabacées

Bonnes associations
Le concombre et le cornichon

À surveiller L'anthracnose,
qui provoque des taches
brunes sur les feuilles
et les gousses.

Bon à savoir En terrain sec,
n'hésitez pas à butter
les pieds 2 semaines après
le semis ; l'enracinement
n'en sera que meilleur.

Ce pois, typiquement méditerranéen, produit
des gousses courtes, qui ne contiennent que
deux ou trois grains ridés.

Quand ? Le pois chiche se sème vers la mi-mai,
et de mi-février à avril dans le Midi.

Où ? Il exige une exposition chaude et abritée, un sol
léger et parfaitement drainé.

Comment ? Semez en poquets* de 3 ou 4 graines,
distants de 25 cm. Éclaircissez la ligne pour ne garder
que les plus beaux plants. Il est recommandé de
protéger le semis sous tunnel, sauf dans le Midi.
Le pois chiche est très résistant à la sécheresse,
mais il faut l'arroser pendant la levée. 4 plants par
case (30 x 30 cm).

Récolte et conservation Récoltez les gousses sèches
entre fin juillet et mi-octobre selon les régions. Les pois
qui ne sont pas tout à fait parvenus à maturité cuisent
mieux. Ils se conservent au froid et au sec, et dans
le bac à légumes du réfrigérateur.

poivron

Capsicum annuum Solanacées

– BEll PEppER –

Il leur faut encore plus de soleil et de chaleur
que la tomate : au nord de la Loire, on tentera
la culture de variétés greffées.

Quand ? Semez de février à avril sous abri chauffé.
Selon les régions, mettez en place entre avril et fin mai.

Où ? Le poivron apprécie les sols légers, frais
et enrichis en compost, les expositions chaudes
et ensoleillées au centre du carré.

Comment ? Semez en terrine à plus de 20 °C puis
repiquez, au bout de 3 semaines à 1 mois, en godet.
Mettez en place, tous les 50 cm, dans des trous de
30 cm de profondeur enrichis en compost. Veillez à
ne pas enterrer la base de la tige, et fichez un tuteur
en terre. Arrosez copieusement sans mouiller le
feuillage et apportez de l'engrais pour tomates
une fois par semaine. Dans les régions froides,
il est conseillé de planter les poivrons sous abri
que la température extérieure est inférieure à 15 °C.
1 plant par case (30 x 30 cm).

Récolte et conservation Cueillez les poivrons d'août
à novembre, encore verts ou parvenus à maturation
complète, mais toujours avec leur pédoncule.
Le poivron se conserve en bocaux, au naturel ou
à l'huile, ou bien au congélateur. Le poivron vert
cuit mieux que les poivrons jaunes ou rouges.

pomme de terre

-POTATO-

Solanum tuberosum Solanacées

Généreuse et facile à cultiver, elle se décline aujourd'hui en d'innombrables variétés. Mais elle prend beaucoup de place.

Bonnes associations
Le chou, le lin et la fève

À surveiller Le mildiou, la teigne de la pomme de terre, la courtilière et le doryphore.

Bon à savoir Fiez-vous à la tradition populaire et attendez que le lilas soit en fleur pour planter les pommes de terre – même si vous pouvez acheter vos plants dès le mois de février.

Quand ? Selon les régions, plantez entre la mi-mars et la fin mai, lorsque tout risque de gelée est écarté.

Où ? La pomme de terre aime les terres profondes, bien ameublies et fortement fumées à l'automne.

Comment ? Installez les tubercules pré-germés et certifiés dans des trous de 15 à 20 cm de profondeur et distants l'un de l'autre de 40 cm. Les germes doivent être orientés vers le haut. Comblez de moitié sans tasser. Dès que les pousses pointent, bouchez entièrement le trou. Buttez les pieds 3 semaines plus tard en ramenant la terre autour. Recommencez 2 semaines après, pour que les plants soient buttés sur une hauteur de 20 à 30 cm. 1 tubercule par case (30 x 30 cm).

Récolte et conservation Entre la plantation et la récolte, comptez 2 à 3 mois pour les variétés précoces et jusqu'à 5 mois pour les tardives. Lorsque le feuillage est entièrement fané, il faut tout récolter par temps sec et laisser sécher les pommes de terre une journée sur place. Triez-les avant de les stocker, dans des cagettes, à l'abri du gel et de la lumière.

potiron

— PUMPKIN —

Cucurbita maxima Cucurbitacées

Bonnes associations
Le maïs et le haricot

À surveiller Les escargots, les souris, l'oïdium et autres pourritures.

Bon à savoir Ne vous précipitez pas pour consommer les potimarrons : le stockage développe leurs qualités gustatives et nutritives.

Sa culture est un vrai jeu d'enfant ; la graine donne naissance à une plante coureuse au feuillage abondant parsemé de fleurs jaunes, suivies d'énormes fruits très colorés. Réservez-lui une belle surface.

Quand ? Semez sous abri en avril, ou directement en place de mi-mai à mi-juin.

Où ? Potirons et potimarrons aiment les sols bien ameublis et riches en humus, les expositions chaudes et ensoleillées.

Comment ? Sur le côté nord d'un carré, semez 3 graines par poquet*. Ne gardez que le plant le plus vigoureux, paillez et arrosez sans mouiller le feuillage. Pincez au-dessus des deux premières feuilles, puis l'extrémité des pousses dès que les fruits sont formés. Une tuile, une pierre plate ou une ardoise isoleront le fruit de l'humidité du sol et favoriseront sa maturation. 1 plant pour 3 cases (un espace total de 90 x 30 cm).

Récolte et conservation 5 à 6 mois après le semis, récoltez vos potirons en coupant le pédoncule à 10 cm au-dessus du fruit. Laissez-les sécher une journée au soleil, avant de les rentrer dans une pièce lumineuse. Évitez les chocs, qui pourraient les faire pourrir, et surtout ne les empilez pas. Le potiron se conserve ainsi 4 à 5 mois ; il se consomme en soupe, en purée, en gratin mais aussi en tarte et en confiture.

radis

─ RADISH ─

Raphanus sativus Brassicacées

Bonnes associations
La carotte, la laitue et le fraisier

À surveiller L'altise,
qui perfore le feuillage,
et la mouche du chou,
qui déforme les racines.

Bon à savoir Mélangez
les graines de radis avec
des graines de laitues
ou de carottes.

Le radis, qui pousse à vue d'œil, est souvent le premier légume expérimenté par les apprentis jardiniers. Ronde ou longue, sa racine colorée se récolte dans le mois qui suit le semis.

Quand ? Semez en janvier-février, sous abri chauffé, les radis roses à forcer. Semez les radis roses de pleine terre de mars à mi-octobre, les radis d'été et d'automne de mi-mai à fin juillet. Enfin, les radis d'hiver se sèment de juillet à septembre.

Où ? Les radis apprécient les terres riches, légères et fraîches, et les climats tempérés. Ils redoutent les coups de chaud en été. Les radis d'hiver, eux, supportent bien le froid.

Comment ? Les graines des radis ronds seront enterrées à 2 ou 3 cm de profondeur et celles des radis d'hiver à 5 cm. Recouvrez-les de terre fine, tassez avec le dos du râteau et arrosez en pluie fine. Suivez de près les arrosages. 16 à 25 graines par case (30 x 30 cm).

Récolte et conservation Attendez environ 4 semaines après le semis pour soulever un à un les radis dès qu'ils sont formés, en passant dans le rang tous les deux jours. Si vous ne les consommez pas le jour même, mettez-les au réfrigérateur mais pas plus de deux jours, car ils perdent vite de leur fraîcheur. À partir d'octobre, arrachez les radis d'hiver puis stockez-les à la cave, dans du sable humide.

rhubarbe

—RHUBARB—

Rheum rhaponticum Polygonacées

Bonnes associations
Aucune

À surveiller Les escargots
et les limaces sur les tiges.

Bon à savoir Ne laissez pas
la rhubarbe monter à graines*
et utilisez les feuilles, toxiques,
pour traiter la gomme des
fruitiers en frottant les plaies.

Cette plante au large feuillage apprécie
la fraîcheur et peut produire pendant sept
années de suite. Il faut lui consacrer un carré
complet du potager.

Quand ? Plantez des sujets achetés en godets ou
des éclats obtenus par division en avril ou à l'automne.

Où ? La rhubarbe aime les terrains profonds et riches,
qui gardent bien la fraîcheur. Vous pourrez la cultiver
à mi-ombre ou en plein soleil sous un climat frais.
Ses gros bourgeons à fleur de sol ne craignent pas
le gel.

Comment ? La rhubarbe peut être semée sous
châssis en mai ; il vaut mieux, cependant, partir
de jeunes plants ou d'éclats de plus grande taille,
sectionnés à la bêche sur un pied adulte. Repiquez
dans une terre enrichie en compost, tassez au
pied puis arrosez copieusement. Un paillage est
recommandé. 1 plant par carré (120 x 120 cm).

Récolte et conservation En mai et en août, coupez
ou décollez les nouvelles tiges au plus près de la
souche. Sur un sujet issu d'un éclat, attendez
cependant la deuxième année pour récolter, et
épargnez toujours quelques feuilles. Les pétioles
libérés de leur limbe se conservent moins d'une
semaine mais peuvent aussi être congelés. En
Angleterre, on blanchit* la rhubarbe sous de hautes
cloches en terre cuite.

salsifis

Tragopongon porrifolius Astéracées

~SALSIFIS, OYSTER PLANT~

Bonnes associations
Le poireau et la carotte

À surveiller Les oiseaux,
friands des semences,
la rouille blanche et l'oïdium.

Bon à savoir Vous pouvez
laisser un pied fleurir pour
récolter ses graines.

Réputées pour leur saveur délicate et leur
goût fondant, les longues racines blanc ivoire
et cassantes du salsifis accompagnent
à merveille les viandes blanches rôties.
Bien que rustique, ce légume racine est
réputé capricieux et se mérite.

Quand ? Semez de mars à mai.

Où ? En sol sableux, frais et riche mais sans fumure
récente. Le salsifis redoute la sécheresse et les fortes
chaleurs estivales.

Comment ? Lorsque le sol est bien réchauffé, semez
les graines dans un petit sillon de 3 cm de profondeur.
Recouvrez-les de terre fine, plombez* avec le dos du
râteau et protégez par un filet. Il faut éclaircir à 10 cm
quand les plants — qui ressemblent à s'y méprendre
à des pousses de chiendent — ont 2 ou 3 feuilles.
Arrosez en été et supprimez les éventuelles hampes
florales. Paillez à l'automne pour récolter plus aisément
si le sol gèle. 5 plants par case (30 x 30 cm).

Récolte et conservation D'octobre à avril, récoltez
à la fourche-bêche selon vos besoins. Coupez les
deux extrémités, lavez à l'eau et épluchez. Les racines
trop grosses sont ligneuses et creuses. Ne conservez
que les plus belles, coupées en tronçons de 4 cm
et blanchies avant d'être mises en bocaux. Les feuilles
tendres qui apparaissent au début de printemps, au
goût de noisette, se mangent en salade.

146

tomate

—TOMATO—

Lycopersicon esculentum Solanacées

Bonnes associations
L'ail, l'oignon, l'épinard,
le basilic et l'œillet d'Inde

À surveiller Le puceron,
le doryphore et le mildiou.

Bon à savoir Pour stimuler
la croissance des tomates,
diluez du purin d'ortie dans
l'eau d'arrosage.

Les jeunes plants vendus en godet ne doivent pas faire oublier la diversité des variétés. En effectuant vos propres semis, vous aurez accès à une palette de formes et de saveurs insoupçonnables.

Quand ? Semez sous abri en février-mars. Repiquez en pleine terre d'avril à fin mai, selon les régions.

Où ? Les tomates ont besoin de soleil. Les housses de protection permettent de les cultiver partout, mais le sol doit être léger, riche et frais.

Comment ? Semez à chaud* (16 à 20 °C). Installez les plants en pleine terre, au pied de tuteurs à spirales. Protégez-les avec une housse de croissance jusqu'à ce que la température nocturne passe au-dessus de 15 °C. Les variétés dites à port déterminé ne nécessitent pas de taille. Les variétés à petits fruits forment un buisson très productif. Supprimez les gourmands et étêtez la tige principale des variétés à port indéterminé. Palissez au fur et à mesure de la croissance, paillez et arrosez copieusement. 1 à 2 plants par case (30 x 30 cm).

Récolte et conservation Récoltez vos tomates une à une de juin-juillet à octobre, lorsqu'elles sont bien colorées. En fin de saison, accélérez la maturation avec une housse de protection. Vous pourrez conserver les tomates en saumure, au vinaigre ou en bocaux avec leur jus. Les tomates à cuire peuvent également se congeler.

légumes oubliés

crosne du Japon

Stachys sieboldii Lamicacées

— JAPANESE ARTICHOKE —

Bonnes associations
La pomme de terre et le pois

À surveiller Ni maladies ni parasites n'osent encore s'attaquer au crosne.

Bon à savoir Les graines sont rares : mieux vaut se procurer des rhizomes frais au rayon légumes.

La culture du crosne du Japon, ou épiaire à chapelet, mériterait d'être plus répandue : il est très rustique et possède une saveur raffinée, entre l'artichaut et le salsifis.
Ce sont les petits rhizomes blancs, en forme de chenille, de cette plante vivace que l'on consomme — en gratin, par exemple.

Quand ? Plantez en février-mars.

Où ? Il préfère les climats doux, une terre légère et riche.

Comment ? Creusez de petits trous profonds de 20 cm, déposez-y 3 rhizomes. Recouvrez de terre et arrosez. Binez superficiellement pendant toute la croissance de la plante et jusqu'au début du mois d'octobre. 12 rhizomes par case (30 x 30 cm).

Récolte et conservation La récolte se fait progressivement entre décembre et mars, et uniquement après que le feuillage a séché. Les rhizomes, qui noircissent rapidement à l'air, peuvent être conservés dans le sable.

panais

Pastinaca sativa Apiacées

-PARSNIP-

Bonnes associations
L'oignon et la carotte

À surveiller Le mildiou
et l'oïdium, sans gravité.

Bon à savoir Laissez un pied
de cette ombellifère monter
à graines* (il atteindra 2 mètres
de haut environ), pour les
récolter fraîches ; vous les
sèmerez l'année suivante.

La pomme de terre a détrôné ce légume à la longue racine blanche. Le panais, à la rusticité légendaire, est plus nourrissant et plus facile à cultiver que la carotte ; il se déguste râpé, en chips, en purée ou en gratin.

Quand ? Semez en avril-mai.

Où ? Le panais aime les terres profondes, bien fumées et fraîches, les climats doux et humides.

Comment ? Semez léger. Plombez* le semis, arrosez puis éclaircissez à 15-20 cm quand les plants ont 4 ou 5 feuilles. Binez souvent mais n'arrosez que si c'est vraiment nécessaire. 4 plants par case (30 x 30 cm).

Récolte et conservation Après les premières gelées, de novembre à mars, arrachez les pieds qui devront ressuyer* sur place avant d'être stockés en silo ou à la cave, dans du sable. Le panais ne craint pas le froid et peut aussi rester en place tout l'hiver : vous ferez votre récolte au gré de vos besoins.

persil tubéreux

— PARSLEY ROOT —

Petroselinum crispum radicosum Apiacées

Bonnes associations
Le chou, le poireau
et la tomate

À surveiller Les limaces
et les escargots.

Bon à savoir La levée est
souvent capricieuse ; on peut
y remédier en faisant tremper
les graines dans de l'eau tiède
la veille du semis.

Ce persil à grosse racine blanchâtre, de 15 cm de long, ressemble au panais, mais sa saveur proche de celle du céleri-rave est appréciée en salade, dans les potages, le pot-au-feu et les gratins.

Quand ? Semez en mars-avril, directement en place, dans une terre bien réchauffée.

Où ? Le persil tubéreux apprécie les sols riches, profonds et frais mais bien drainés. Une exposition ensoleillée est recommandée.

Comment ? Le persil tubéreux se cultive un peu comme le panais. Semez léger, recouvrez les graines de terreau avant de damer avec le dos du râteau. Éclaircissez à 15 cm et arrosez pour que le sol reste frais. 4 plants par case (30 x 30 cm).

Récolte et conservation Il se récolte dès la fin août mais on peut en couper des feuilles en cours de culture : leur goût est proche de celui du persil commun. Fin octobre, arrachez les dernières racines puis laissez-les ressuyer* sur place avant de supprimer tout le feuillage. Stockez-les dans une cave ou un cellier.

rutabaga

Brassica napus napobrassica Brassicacées

—RUTABAGA—

—RUTABAGA—

Bonnes associations
Le céleri, le haricot
et la betterave

À surveiller Il subit les mêmes
parasites et les mêmes
maladies que le chou.

Bon à savoir Le manque
d'eau provoque un stress,
et la chair du rutabaga devient
filandreuse.

Le goût sucré de ce légume rustique,
à mi-chemin entre le chou et le navet,
lui a redonné une place de choix dans la
cuisine, notamment pour les potées et les
ragoûts d'hiver.

Quand ? Il faut le semer en pépinière à partir du
15 mars, ou directement en place en mai-juin.

Où ? S'il apprécie les sols lourds et frais, ainsi que
les climats humides, ce chou-navet redoute la chaleur.

Comment ? Semez léger et repiquez les plants à
30 cm l'un de l'autre lorsque la racine a la grosseur
d'un crayon. Le semis en place, effectué par poquets*
de 3 ou 4 graines, sera suivi d'un éclaircissage*,
et un seul plan sera conservé. 4 plants par case
(30 x 30 cm).

Récolte et conservation Les rutabagas peuvent être
récoltés d'octobre à mars, soit 4 mois après le semis,
au fur et à mesure des besoins mais de préférence
avant leur complet développement. On peut aussi
les conserver empilés dans une cave ou en silo.

scorsonère

Scorzonera hispanica Astéracées

— BLACK SALSIFY, BLACK OYSTER PLANT, SERPENT ROOT —

Bonnes associations
Le poireau et la carotte

À surveiller L'oïdium, la rouille blanche et le puceron des racines.

Bon à savoir Si vous ne supprimez pas les hampes florales qui peuvent apparaître la première année, vous risquez de récolter des racines fibreuses.

La racine charnue de la scorsonère se déguste sautée ou en gratin et ses feuilles tendres ont un goût de noisette. La scorsonère a besoin d'une terre légère ; le semis, qui lève parfois de façon capricieuse, doit être arrosé souvent.

Quand ? Semez en place de fin février à début mai.

Où ? La scorsonère apprécie les sols bien travaillés, riches en humus et conservant la fraîcheur. Si la terre est lourde, les racines se brisent au moment de l'arrachage.

Comment ? Semez les graines blanches à 2 cm de profondeur. Plombez* et arrosez. Éclaircissez à 10 cm lorsque la plante a 3 ou 4 feuilles. Binez et arrosez pour maintenir le sol frais — un bon paillage se révèle également efficace. 5 plants par case (30 x 30 cm).

Récolte et conservation D'octobre à mars, arrachez les scorsonères — elles mesurent environ 30 cm de long. Vous pouvez aussi récolter les jeunes feuilles pour les consommer en salade. Lavée, grattée, coupée en morceaux puis blanchie, la racine à chair blanche se conserve au congélateur.

tétragone cornue

Tetragonia expansa Aizoacées

— NEW ZEALAND SPINACH —

Bonnes associations
La tomate, l'aubergine
et le poivron

À surveiller Les limaces
et les escargots.

Bon à savoir Pour stimuler
la germination, faites tremper
les graines toute une journée
dans de l'eau tiède avant
de les mettre en terre.

Crues, en potage ou en gratin, les feuilles charnues remplacent en été celles de l'épinard. La tétragone supporte les fortes chaleurs et s'accommode des terrains secs.

Quand ? Semez en avril à chaud* puis repiquez après les dernières gelées, ou semez directement en place fin mai.

Où ? La tétragone apprécie les terres fraîches, légères et bien fumées ; elle a besoin d'un excellent ensoleillement.

Comment ? Semez 3 graines par godet sous châssis, éclaircissez pour ne garder que le plant le plus vigoureux. Repiquez dans une case en bordure du potager. Vous pouvez faire un semis en place, en poquet, puis éclaircir. Arrosez copieusement. Les tiges étalées de la tétragone couvriront rapidement la case si vous pincez les jeunes pousses. 1 plant par case (30 x 30 cm).

Récolte et conservation Récoltez une à une les grandes feuilles cassantes et l'extrémité des tiges tendres, au fur et à mesure de vos besoins, de juillet aux gelées. Consommez-les rapidement. Vous pouvez aussi congeler votre récolte.

topinambour

Helianthus tuberosus Astéracées

– JERUSALEM ARTICHOKE, SUNROOT, SUNCHOKE, EARTH APPLE –

Bonnes associations
Aucune

À surveiller Les rongeurs.

Bon à savoir Le moindre tubercule abandonné peut engendrer une population vite envahissante : veillez à récolter tous les topinambours avant d'installer un autre légume à sa place.

Cette plante géante à fleurs jaunes retrouve grâce aux yeux des gourmets. Ses tubercules ont le goût du cœur d'artichaut.

Quand ? Plantez les tubercules en mars-avril.

Où ? Très accommodant, le topinambour préfère pourtant les terres riches, pas trop humides, au soleil ou à la mi-ombre. Réservez-lui un emplacement dégagé au fond du potager, où il formera un bon brise-vent.

Comment ? Plantez un tubercule muni d'un ou deux yeux à 15 cm de profondeur. Dans le potager en carrés, mieux vaut lui consacrer une ligne de 3 cases, côté nord, où il fera brise vent. 1 tubercule par case (30 x 30 cm).

Récolte et conservation De novembre jusqu'au printemps, récoltez les tubercules en fonction de vos besoins car ils se conservent mal une fois arrachés. Préférez les tubercules de taille moyenne, plus faciles à éplucher et plus tendres que les gros.

petits fruits

cassis
Ribes nigrum

— CURRANT —

Bonnes associations
Le petit pois, le fraisier,
le souci et la capucine

À surveiller L'oïdium, la rouille,
l'anthracnose et les pucerons.

Bon à savoir Seuls les
rameaux âgés de plus
de deux ans fructifient.

Pour bien fructifier, le cassissier, arbuste
rustique*, a besoin d'un hiver marqué.
Contrairement aux variétés anciennes,
les variétés récentes sont autofertiles*.

Quand ? Les cassissiers se plantent de novembre
à début mars.

Où ? Le cassissier apprécie les sols bien drainés,
même calcaires, raisonnablement enrichis en humus.
Dans le Midi, offrez-lui une exposition ensoleillée
et mi-ombragée. Les gelées tardives peuvent
compromettre la production.

Comment ? Avant la plantation, retaillez les racines
des sujets à racines nues. Creusez un trou de 30 cm
de côté, jetez au fond une pelletée de compost bien
mûr et plantez l'arbuste en enterrant légèrement
la base de la touffe. Arrosez copieusement et paillez.
La taille hivernale consiste à couper les vieux rameaux
au ras du sol : le cœur de la touffe restera ainsi bien
aéré. 1 pied pour 4 cases (60 x 60 cm).

Récolte et conservation Les fruits se récoltent
durant tout le mois de juillet. Les cassis se conservent
quelques jours en barquette. Ils peuvent aussi être
congelés. Veillez dans ce cas à les espacer légèrement
sur un plateau avant de les ensacher, pour qu'ils
restent bien séparés.

fraise

STRAWBERRY

Fragaria

Bonnes associations
Le radis, la mâche, le haricot nain, la carotte, le poireau et l'oignon

À surveiller L'oïdium, la pourriture grise, les virus, les limaces, les escargots et les oiseaux.

Bon à savoir Si vous souhaitez de belles récoltes, consacrez-lui un carré complet.

La culture du fraisier est facile, à condition de renouveler les plantations et diversifiez les variétés pour échelonner votre récolte.

Quand ? Plantez vos fraisiers de préférence en septembre ou en mars-avril.

Où ? Le fraisier apprécie les terres riches en humus, fraîches et légèrement acides, bénéficiant d'une exposition chaude et ensoleillée ; les variétés à petits fruits préfèrent un léger ombrage.

Comment ? Les plants achetés en godets se mettent en place, comme toutes les vivaces, en alignant le sommet de la motte avec le niveau du sol. Paillez ensuite avec de la paille, des aiguilles de pin ou des paillettes de lin. Maintenez le sol frais, désherbez les rangs, supprimez régulièrement les stolons* et apportez une bonne fertilisation chaque automne. Renouvelez vos plantations tous les trois ou quatre ans, sous peine de voir l'importance de vos récoltes diminuer fortement. 4 plants par case (30 x 30 cm).

Récolte et conservation Les variétés précoces, cultivées sous climat doux, commencent à produire en mai ; les variétés non remontantes en juin et juillet ; les remontantes donnent jusqu'à la fin septembre. Récoltez les fraises avec leur pédoncule. Elles doivent être très colorées et encore bien fermes.

framboise

Rubus idaeus

– RASPBERRY –

En cultivant à la fois des variétés classiques et des remontantes, vous pourrez récolter des framboises de la mi-juin à la mi-octobre.

Quand ? Les sujets à racines nues se plantent de novembre à début mars. Les plants élevés en godets pourront être mis en place jusqu'en mai.

Où ? Les framboisiers apprécient les sols légers, riches en humus, un peu acides, frais mais bien drainés. Réservez-leur un carré complet car ils drageonnent fortement.

Comment ? Plantez les jeunes framboisiers en ligne. Coupez les tiges de moitié. Arrosez bien et paillez. Les plants de plus de 1,50 m de haut peuvent rester libres ou être palissés sur des fils tendus. La taille hivernale des variétés non remontantes se limite à la suppression des tiges ayant fructifié. Celle des variétés dites remontantes s'effectue en deux fois : à l'automne, coupez de moitié les cannes qui ont produit ; courant juin, coupez à ras de terre les vieilles cannes desséchées. Faites chaque année des apports d'engrais complet au début du printemps. 1 plant par case (30 x 30 cm).

Récolte et conservation En période de production, récoltez les framboises tous les jours, le matin ou le soir. Consommez les fruits sans tarder. Vous pourrez les congeler, les préparer en confiture, en sirop ou en coulis.

groseille à grappes
Ribes rubrum

— RED CURRANT, CULTIVATED CURRANT

Bonnes associations
Le petit pois et le haricot nain

À surveiller La rouille, l'oïdium, les pucerons et les oiseaux.

Bon à savoir Si vous manquez d'espace, palissez les rameaux de groseillier en éventail, sur un treillage.

Palissés ou conduits sur tige, ces arbustes rustiques* sont plantés en bordure du potager. La récolte, souvent très généreuse, se fait en été.

Quand ? Les groseilliers, qu'ils soient en pot ou à racines nues, se plantent de préférence entre la fin de l'automne et le tout début du printemps.

Où ? Les groseilliers apprécient une exposition ensoleillée à légèrement ombragée dans les régions où les saisons sont bien marquées. Ils s'accommodent d'une terre riche et profonde, pas trop calcaire.

Comment ? Creusez un trou au fond duquel vous déposerez une bonne pelletée de compost. Installez le plant, puis comblez avec de la terre de façon à ce qu'elle recouvre la base des rameaux sur 3 à 4 cm. Arrosez copieusement ; si le terrain est sec, n'hésitez pas à pailler. L'enracinement n'est que superficiel. L'arbuste peut être laissé libre, mais les variétés à bois souple peuvent être palissées. Taillez à ras de terre, en hiver, les rameaux de forte section âgés de plus de trois ans. 1 pied pour 4 cases (60 x 60 cm).

Récolte et conservation Sous un climat moyen, les variétés précoces fructifient de la fin juin au début du mois de juillet, et les variétés de mi-saison vers la mi-juillet ; les plus tardives arrivent à maturité la première quinzaine d'août. Les fruits peuvent rester près d'un mois sur la grappe sans s'abîmer.

mûre
Rubus

—BLACKBERRY—

Bonnes associations
Les Loganberry et les Tayberry

À surveiller La rouille,
le mildiou et l'anthracnose.

Bon à savoir Il faut impérativement la palisser pour
contrôler sa vigueur.

D'une vigueur parfois difficile à maîtriser –
au potager, il faut impérativement la palisser –
et très résistantes aux maladies, les ronces
sont également très prolifiques.

Quand ? Les sujets, en godet ou en pot, se plantent
de l'automne jusqu'au début du printemps.

Où ? Les ronces apprécient les terres bien fumées
et fraîches, voire légèrement acides, et une exposition
ensoleillée à mi-ombragée. Leur culture est à éviter
sous les climats trop rudes. Palissez-les sur un grillage
à mouton de 1,5 m de hauteur.

Comment ? Creusez un trou deux fois plus grand
que le pot, garnissez le fond de compost puis mettez
le plant en terre de façon que le niveau de la motte
affleure le sol. Tassez au pied puis arrosez. Paillez,
pour conserver le sol bien propre. Au cours de l'été,
fixez les longs rameaux de l'année sur le grillage.
Apportez chaque année, à la sortie de l'hiver, une
bonne fertilisation. 1 pied pour 3 cases (soit pour
90 x 30 cm).

Récolte et conservation Les mûres se récoltent
de juillet à fin septembre sur des pieds de plus
de deux ans. Visitez votre plantation tous les deux
jours afin de cueillir les fruits parvenus à parfaite
maturité avant qu'ils ne soient trop mous. Les mûres
se conservent mal, mais elles peuvent entrer dans
la composition de gelées et de confitures, mêlées
à des framboises.

aromates

aneth

Anethum graveolens

-Dill-

Son feuillage léger au goût anisé ses tiges érigées font que l'aneth trouve sa place dans tous les carrés ensoleillés du potager.

Quand ? Semez en place d'avril à juin.

Où ? L'aneth apprécie une exposition ensoleillée. Il pousse dans un sol léger ou bien ameubli, plutôt sec.

Comment ? Semez à la volée dans un carré lorsque la terre est bien réchauffée. La levée, qui intervient dans les 15 jours, sera suivie d'un éclaircissage. Les plantules se transplantent difficilement. On peut se passer du semis en achetant des plants en godet au printemps. On en trouve même cultivées en bio. Par forte chaleur, arrosez pour éviter une rapide montée à graines. 5 plants par case (30 x 30 cm).

Récolte et conservation La récolte des feuilles tendres se fait au fur et à mesure des besoins. On peut commencer à les couper 2 mois après un semis pour aromatiser les salades et les sauces. Les feuilles se gardent bien une fois congelées. Attendez le mois de septembre pour récolter les graines mûres qui aromatisent les salades, les grillages et les bocaux de cornichons.

basilic

Ocimum basilicum

–BASIL–

Bonnes associations
La tomate

À surveiller Les plantes voisines qui lui font de l'ombre.

Bon à savoir Il existe des variétés au port en boule et à petites feuilles qui prennent moins de place.

La tête au soleil et les pieds au frais, le basilic au feuillage vert ou violacé pousse vite et décore les bordures du potager.

Quand ? Semez en mars-avril à chaud ou en mai en place.

Où ? Le basilic exige beaucoup de chaleur. Il apprécie une terre riche, fraîche mais bien drainée.

Comment ? Semez à chaud, dans des godets ou en caissette. Éclaircissez rapidement. Comptez six semaines entre le semis et le repiquage dans une terre bien réchauffée. Dans les régions à climat doux, les graines, semées directement en place en mai, lèvent en trois jours à 20 °C. Vous trouverez en jardinerie de beaux plants à installer dans le potager vers la mi-mai. Pour éviter à la plante de monter à graines* et de s'étioler, supprimez régulièrement les boutons floraux. Arrosez souvent pour garder le sol frais. 5 plants par case (30 x 30 cm).

Récolte et conservation Cueillez les feuilles une à une selon vos besoins. Elles ont une saveur très différente, anisée, camphrée, citronnée, selon les variétés. On utilise le basilic comme condiment dans les salades, les sauces, le pistou. On peut congeler les feuilles ou en conserver dans l'huile.

cerfeuil commun

Anthriscus cerefolium

— chervil —

Son feuillage finement découpé et son goût anisé font du cerfeuil une incontournable fine herbe.

Quand ? Semez en mars, en juin ou en septembre.

Où ? Le cerfeuil commun apprécie la mi-ombre et un sol léger, non calcaire, frais et humifère.

Comment ? Semez clair en mélangeant les graines avec du sable. Plombez* le semis après l'avoir recouvert de tourbe. La levée, qui se fait en moins de 10 jours, nécessite un éclaircissage. Les sujets levés à la fin de l'été passeront l'hiver sans encombre. Supprimez les hampes florales afin de favoriser la pousse du feuillage, qui gardera toute sa saveur. Arrosez par temps sec. Protégez les derniers semis sous cloche pour prolonger la récolte tout l'hiver. 6 plants par case (30 x 30 cm).

Récolte et conservation Environ un mois et demi après le semis, on commence à récolter les feuilles. Fraîches et ciselées, elles parfument les potages, les salades, les légumes et les grillades. Il s'ajoute toujours en fin de cuisson. Les feuilles ne se conservent au réfrigérateur que 5 à 6 jours mais on peut les congeler.

ciboulette
Allium schoenoprasum

— CHIVE —

Bonnes associations
Le thym, le persil et le souci

À surveiller Les touffes qui
s'épuisent au bout de 3 ans.

Bon à savoir Les fleurs roses
au goût sucré et d'ail se
consomment aussi en salade.

Ciboulette ou civette, cette fine herbe est une
vivace bulbeuse facile à multiplier par division.

Quand ? Semez de février à avril et plantez de
préférence au printemps.

Où ? La ciboulette apprécie les emplacements
ensoleillés mais supporte la mi-ombre. Toute bonne
terre de jardin, riche en humus et conservant la
fraîcheur lui convient.

Comment ? Semez en lignes. La levée intervient au
bout de 15 jours. Arrosez pour stimuler la croissance.
Une touffe adulte atteint 10 à 15 cm de hauteur et
produit, à la fin du printemps, des fleurs d'un rose
violacé. Vous pourrez aussi vous procurer des plants
vendus en petits pots pour créer de jolies bordures.
Les touffes se divisent aisément au printemps en
séparant les bulbilles. Supprimez les fleurs pour éviter
l'épuisement des plants. Arrosez régulièrement en été
pour que le feuillage ne jaunisse pas prématurément.
N'hésitez pas à renouveler les touffes en les divisant.
5 plants par case (30 x 30 cm).

Récolte et conservation Coupez aux ciseaux
les jeunes feuilles du printemps à l'automne selon
vos besoins. Fraîches et ciselées, elles aromatisent
les salades, les crudités et le fromage blanc. Entières,
elles décorent les assiettes. Cuites, elles parfument
l'omelette et le poisson. Les feuilles se gardent
3 jours dans un verre d'eau ou au réfrigérateur mais
elles peuvent aussi se congeler.

coriandre
Coriandrium sativum

CORIANDER — CILANTRO

Persil arabe et persil chinois, deux noms pour
cette plante condimentaire qui s'avère aussi
très décorative.

Quand ? Semez après les gelées, de mars jusqu'en
septembre,

Où ? La coriandre aime un sol léger, fertile, bien drainé
mais restant frais. Une exposition très ensoleillée
et chaude est indispensable.

Comment ? Semez dans une terre bien affinée par
poquet de 3 à 4 graines. Après la levée, lorsque
les plants ont 4 à 5 feuilles, éclaircissez*. La plante,
qui ressemble au persil plat, peut atteindre 80 cm
de haut lorsqu'elle produit ses ombelles de fleurs
rose pâle ou blanches. Étalez les semis pour vous
assurer une longue récolte de feuilles fraîches.
Arrosez régulièrement en été et paillez le sol si
nécessaire. 5 plants par case (30 x 30 cm).

Récolte et conservation Coupez des feuilles fraîches
au fur et à mesure de vos besoins. Ciselées, elles
aromatisent les plats exotiques comme la soupe
chinoise, la moussaka et les boulettes de viande.
Les graines épicées, récoltées en été, parfument
les pâtisseries, les marinades, les farces, le riz et
les liqueurs. Elles se conservent bien sèches dans
un bocal en verre.

estragon
Artemisia dracunculus

— TARRAGON —

Bonnes associations
La ciboulette et le souci

À surveiller Les limaces qui
ravagent les jeunes plants.

Bon à savoir Ne cherchez
pas les graines ; l'estragon
n'en produit pas.

Cette plante vivace aux fines feuilles aromatiques
redoute le froid et l'excès d'humidité.

Quand ? Plantez en avril-mai et bouturez en août.

Où ? L'estragon aime les emplacements chauds
ainsi qu'une terre légère, riche et bien drainée.

Comment ? Achetez au printemps des plants
en godets. Installez dans un carré du potager en
apportant une bonne poignée de compost au fond
du trou. Si le sol est lourd ajoutez du sable. Arrosez
au pied pour garder le sol frais. En été, on peut
bouturer les tiges qui passeront l'hiver sous cloche.
Les pieds adultes méritent la protection d'un voile
d'hivernage puis d'un rabattage au printemps.
4 plants par case (30 x 30 cm).

Récolte et conservation Récoltez les rameaux
feuillus en les coupant avec une paire de ciseaux.
Elles aromatisent les sauces, les légumes, les volailles
et le poisson. Avant que la plante ne fleurisse en été,
coupez les rameaux pour les faire sécher à l'abri
de la lumière puis les réduire en poudre. Le mieux
est de les congeler.

mélisse
Melissa officinalis

—LEMON BALM—

Bonnes associations
L'oseille et la menthe

À surveiller Les pousses
très vigoureuses et les semis
spontanés.

Bon à savoir L'odeur forte
de la mélisse repousse les
aoûtats.

Cette plante vivace à la fraîcheur citronnée doit
être contrôlée pour ne pas envahir les carrés.

Quand ? Plantez au printemps ou à l'automne.

Où ? La mélisse pousse dans un sol léger, profond,
frais à sec à exposition ensoleillée à mi-ombragée.

Comment ? Installez la mélisse en bordure du carré
pour mieux la contrôler. Les touffes en place se
divisent aisément au printemps. Sinon, pratiquez
un semis en mai, qui lèvera lentement, suivi d'un
repiquage à l'automne. Les touffes peuvent atteindre
50 cm de haut. Courant juillet, coupez-les à ras pour
favoriser la pousse de nouvelles feuilles. Arrachez
la touffe au printemps et recoupez les pousses
qui s'étalent avant de replanter. Cela limitera son
expansion. 1 plant par case (30 x 30 cm).

Récolte et conservation Les feuilles se récoltent
au printemps mais aussi à l'automne. Fraîches, elles
parfument les boissons, les tisanes, les pâtisseries.
En juin et juillet, séchez rapidement les tiges la tête en
bas. Les feuilles se conservent ensuite dans une boîte
en fer blanc.

menthe

Mentha

– MiNT–

Bonnes associations
Le cerfeuil musqué

À surveiller Les tiges
souterraines qui gagnent
vite du terrain.

Bon à savoir La variété
'Nannah', de l'espèce *spicata*,
est l'une des meilleures pour
le thé à la menthe marocain.

Verte, poivrée ou chocolatée la menthe demeure
une plante vivace envahissante difficile à contenir
dans les carrés.

Quand ? Plantez au printemps ou à l'automne.

Où ? La menthe se contente d'une terre ordinaire,
bien ameublie et fraîche à exposition ensoleillée
à mi-ombragée.

Comment ? Certaines espèces, comme la menthe
poivrée, la menthe pouliot ou la menthe verte,
peuvent se semer en mai. Mais il est préférable de
se procurer des plants vendus en godets. Plantez-
les de préférence en bordure des carrés. On peut
contrôler son expansion en la plantant dans un pot
profond et enterré. La menthe est facile à diviser au
printemps : procurez-vous des fragments de tiges
racinées chez vos amis. Arrachez un tiers des tiges
tous les ans pour limiter l'expansion de la plante.
Seules la menthe corse et la menthe pouliot s'étalent
lentement au ras du sol. Coupez les grandes tiges
juste après la floraison. 1 plant par case (30 x 30 cm).

Récolte et conservation Récoltez les feuilles fraîches
au fur et à mesure des besoins pour parfumer les
salades de fruits, le taboulé, les poissons et l'agneau.
Les tiges seront séchées en juillet et leurs feuilles
conservées dans un bocal hermétique.

persil
Petroselinum crispum

— PARSLEY —

Bonnes associations
La ciboulette, la salade

À surveiller Les limaces qui raffolent des jeunes plants.

Bon à savoir Si les graines de persil gardent leur pouvoir germinatif plus de trois ans, mieux vaut acheter des graines fraîches.

À feuillage plat ou frisé, cette herbe condimentaire est une des plus cultivée. Petite, elle se glisse facilement entre les légumes.

Quand ? Semez de mars à mi-mai.

Où ? Le persil se glisse dans toutes les cases du potager. Il réclame une exposition ensoleillée à mi-ombragée en été au pied des légumes-feuilles. Il aime les sols légers, profonds, riches et frais.

Comment ? Semez les graines à la volée* puis éclaircir à 10 cm. Vous les aurez préalablement laissées tremper dans l'eau une journée entière.

Une fois égouttées, mélangez-les à du sable fin pour faciliter le semis. Recouvrez les graines de 1 cm de terre, puis tasser le semis et arrosez. La levée peut prendre de 2 à 6 semaines. Simplifiez-vous la vie en achetant de petits plants en mini-motte ou en godet. Ils doivent être mis en terre sans tarder. Maintenez le sol frais par un arrosage régulier. Laissez quelques plants montés à graines* se ressemer naturellement dans les carrés. 7 plants par case (30 x 30 cm).

Récolte et conservation Coupez les feuilles au fur et à mesure des besoins. Fraîches ou cuites, entières ou hachées, elles aromatisent le poisson, les viandes, les légumes, le beurre, l'œuf et les sauces. C'est un ingrédient du bouquet garni. Les feuilles se gardent dans un verre d'eau ou au réfrigérateur 4 à 5 jours.

romarin
Rosmarinus officinalis

- ROSEMARY -

Bonnes associations
Le fenouil, la lavande
et le thym

À surveiller Les hivers
rigoureux qui grillent
le feuillage.

Bon à savoir Pour limiter
son ampleur, taillez légèrement
en mars.

Érigé ou rampant, le romarin trouve sa place
au soleil dans le carré des aromatiques.

Quand ? Semez en mai-juin ou mieux, plantez au
printemps.

Où ? Le romarin réclame un sol léger et parfaitement
drainé ainsi qu'une exposition très ensoleillée et abritée
des grands froids. Il se plait dans les carrés surélevés
du potager.

Comment ? Semez en fin de printemps en pépinière.
Il faudra ensuite repiquer les jeunes plants l'année
suivante. Mais si vous êtes pressé, mieux vaut planter
des sujets en pot ou issus de boutures estivales.
En cas d'hiver rude, n'hésitez pas à protéger l'arbuste
du gel avec un voile d'hivernage. 1 plant par case
(30 x 30 cm).

Récolte et conservation Les feuilles persistantes
et aromatiques de cet arbrisseau se récoltent toute
l'année en coupant l'extrémité des rameaux. Elles
parfument les grillades, les ragouts, le poisson, les
viandes et l'huile. Les rameaux récoltés avant la
floraison se sèchent à l'ombre. Ensuite, on ne garde
que les feuilles dans un bocal en verre.

sarriette commune
Satureja montana

Bonnes associations
Thym, sauge et romarin

À surveiller Le gel qui
endommage les racines.

Bon à savoir La sarriette
peut former une jolie bordure
dans un carré d'aromatiques.

Ce petit arbrisseau au feuillage persistant,
épicé et poivré, fleure bon le maquis.

Quand ? Plantez au printemps ou à l'automne.

Où ? La sarriette des montagnes exige une terre
légère, bien drainée avec une exposition très ensoleillée.
Elle ne craint pas le calcaire.

Comment ? Procurez-vous des plants élevés en
godet. Si la terre est trop lourde ajoutez du sable.
Une taille annuelle, en juin, permet de garder une
forme compacte et de récolter de belles tiges. La
plante peut aussi se semer, se bouturer et même
se marcotter. Elle fleurit entre juillet et septembre.
N'hésitez pas à la protéger du gel avec un bon
paillage de feuilles mortes. À la fin de l'hiver, on
peut la coupez à 10 cm du sol pour la faire repartir.
5 plants par case (30 x 30 cm).

Récolte et conservation Les tiges se récoltent
pratiquement toute l'année. Mais c'est en début
de floraison qu'elles sont le plus parfumées. Les
feuilles aromatisent les lentilles, les fèves, les salades,
les sauces et les marinades. Les petits bouquets,
séchés la tête en bas, se conservent près d'un an
en bocal.

sauge
Salvia officinalis

– SAGE –

Bonnes associations
Le chou, le thym et la sarriette

À surveiller La formation
de vieux bois qui nécessite
un rajeunissement par la taille.

Bon à savoir L'odeur
camphrée de la sauge
éloigne la piéride du chou.

Aromatique, mellifère et médicinale la sauge
est aussi indispensable pour son feuillage
décoratif. À feuillage vert, panaché, tricolore
ou à feuille de lavande la sauge officinale est
toujours vivace.

Quand ? Le semis et la plantation s'effectuent à la fin
du printemps.

Où ? La sauge aime les terrains perméables, secs
et même calcaires. Il lui faut un emplacement très
ensoleillé.

Comment ? Les jeunes plants issus de boutures*
et vendus en godets au printemps s'enracinent
rapidement au potager. Vous pourrez aussi trouver
sur le marché de grosses touffes à diviser en mars.
Cette vivace, qui marcotte* naturellement, se multiplie
facilement par bouturage en mai ou par semis en
place en avril. Un printemps sur deux, n'hésitez pas
à rabattre cet arbrisseau qui se dégarnit de la base.
Une taille d'entretien s'impose aussi après la floraison
de juin. 3 plants par case (30 x 30 cm).

Récolte et conservation Récoltez les feuilles
persistantes en toutes saisons pour aromatiser
la viande de porc, les poissons, les légumes et
les plats en sauce. L'infusion de sauge est digestive.
Les feuilles séchées se conservent dans l'obscurité.

thym

Thymus vulgaris

Bonnes associations
La ciboulette, la sauge
et la sarriette

À surveiller Les touffes
qui se creusent au bout
de 3 ou 4 ans.

Bon à savoir L'odeur forte
du thym repousse nombre
de parasites du potager.

—THYME—

Vert foncé, doré, panaché… le thym se décline
dans de nombreuses variétés au parfum
classique ou citronné.

Quand ? Semez ou plantez en avril-mai.

Où ? Le thym se contente d'un sol léger, bien drainé,
même calcaire. Mais il réclame une exposition chaude
et ensoleillée.

Comment ? Les éclats de touffes vendus sur
le marché ou les plants en godets des jardineries
se mettent en place au printemps. La plante,
de moins de 40 cm de haut, aux fleurs mellifères,
redoute l'humidité. N'hésitez pas à alléger la terre
avec du sable. Vous pourrez semer ses graines
très fines à condition de plomber* le sol. Comptez
près de 3 semaines pour la levée. L'année suivante,
repiquer les jeunes plants dans le carré d'aromatiques.
Les touffes ayant tendance à se dégarnir, n'hésitez
pas à les rabattre au printemps et à butter* légèrement
les pieds : cela permet de conserver leur port trapu.
4 plants par case (30 x 30 cm).

Récolte et conservation Coupez aux ciseaux
les brins de thym toute l'année et les tiges fleuries
en début d'été. L'hiver, les feuilles sont moins
parfumées. Le thym entre dans la composition
du bouquet garni et facilite aussi la digestion sous
forme de tisane. Les petits bouquets de thym récoltés
en début d'été se sèchent à l'ombre et se conservent
à l'abri de la lumière.

fleurs

amaranthe
Amaranthus

Bonnes associations
Le chou palmier, la tomate
et le maïs

À surveiller L'arrosage en
période de canicule.

Bon à savoir Les feuilles et
les fleurs, riches en protéines,
sont consommées en Afrique
et en Asie.

Les épis richement colorés et le feuillage
décoratif de l'amaranthe apportent une touche
d'exotisme au potager.

Quand ? Semez en mai-juin.

Où ? L'amaranthe se plait à exposition ensoleillée
dans la bonne terre du potager, riche, fraîche et bien
réchauffée. Elle ne craint pas le calcaire.

Comment ? Semez les graines, très fines, en les
recouvrant peu, directement en place, en mai-juin.
Éclaircissez. Vous trouverez aussi en jardinerie de
jeunes plants en godets prêts à repiquer. Au cours
de l'été, arrosez copieusement au pied de la plante.
Les plus grandes variétés atteignent 200 cm de haut.
Les spectaculaires panicules, fleuries de juillet à fin
septembre, mesurent jusqu'à 40 cm de long. Au
cœur d'un potager en carrés, on préfère les variétés
tricolores, de moins de 100 cm de haut, aux couleurs
intenses en fin d'été. Toutes affichent une bonne tenue
en vase. 3 plants par case (30 x 30 cm).

balsamine

Impatiens balsamina

Cette plante annuelle au look rétro et aux tiges rigides apprécie l'ombre légère et la fraîcheur au pied des légumes-feuilles.

Quand ? Semez en place en juin.

Où ? La balsamine aime les sols riches, frais et les emplacements mi-ombragés à ombragés. Avec son port érigé, elle se glisse partout entre les légumes du potager.

Comment ? Achetez des plants à repiquer fin mai ou semez en place en juin à la volée. N'hésitez pas ensuite à éclaircir en ne gardant qu'un plant tous les 10 à 15 cm. Selon les variétés, les plantes adultes aux tiges charnues font entre 20 et 60 cm de hauteur. Elles fleurissent de juin jusqu'en octobre. Les fleurs aux coloris variés sont simples ou doubles. 9 plants par case (30 x 30 cm).

bourrache

Borago officinalis

Bonnes associations
Le souci et la capucine

À surveiller Les tiges
penchent en fin de saison
et qui nécessitent un tuteur.

Bon à savoir Ses feuilles
au goût de concombre
aromatisent les viandes
et ses fleurs étoilées
se mangent en salade.

À la fois officinale, aromatique et mellifère, cette annuelle facile à cultiver a sa place dans le potager en carrés — d'autant qu'elle renforce la résistance de ses voisines.

Quand ? Semez entre mars et juin.

Où ? La bourrache apprécie une terre riche et fraîche à exposition ensoleillée.

Comment ? Semez des graines en poquets distants de 30 cm. N'oubliez pas d'éclaircir rapidement. On trouve aussi des plantes en godet à repiquer au printemps. La plante, haute de 50 à 60 cm, fleurit tout l'été puis se ressème avec générosité. Vous pourrez récolter les graines entre juillet et septembre. 3 plants par case (30 x 30 cm).

capucine
Tropaeolum majus

Bonnes associations
Le pois de senteur
et le haricot d'Espagne

À surveiller Les tiges
vigoureuses qui s'insinuent
entre les légumes.

Bon à savoir Elle détourne
les pucerons des légumes.

Sa grande facilité de culture, son pouvoir couvre-sol et ses fleurs décoratives font de la capucine une alliée du jardinier.

Quand ? Semez ou plantez entre fin avril et début juin.

Où ? La capucine annuelle se plait à exposition ensoleillée dans une terre pas trop riche.

Comment ? Semez les grosses graines ridées par poquets de deux à trois graines espacés de 30 cm. Après la levée, conservez tous les plants. Il est aussi possible de les semer sous abri, dès mars, en godet ou en pot. Ne les plantez que lorsque tout risque de gelée est écarté. Les variétés naines composeront de jolies bordures le long des carrés de légumes ou d'aromatiques. Les variétés grimpantes partiront à l'assaut d'un treillage installé sur la face nord du potager. La capucine fleurit de juin aux premières gelées. Les boutons et les graines peuvent se confire comme les câpres. Ses fleurs comestibles en salade, ont un goût poivré. 5 plants par case (30 x 30 cm).

dahlia
Dahlia

Bonnes associations
La bourrache, le petit pois
et le haricot

À surveiller Les limaces
et escargots sur les jeunes
pousses.

Bon à savoir Les fleurs
attirent nombre d'insectes
pollinisateurs.

La vaste palette de formes et de couleurs
des fleurs de dahlia autorise un décor haut
en couleurs.

Quand ? Plantez en mai après les gelées.

Où ? Le dahlia réclame un emplacement ensoleillé
et une bonne terre de jardin enrichie en compost.

Comment ? Plantez les tubercules en fichant en terre
un solide tuteur pour les variétés les plus hautes.
Les variétés naines qui peuvent constituer des bordures
fleuries conviennent mieux à la taille du potager
en carrés. On les trouve vendues en barquette,
en mélange de couleurs, dans toutes les jardineries
au printemps. Selon leur développement, prévoyez
entre 30 et 50 cm de distance entre deux plants.
La floraison s'étale de juillet à fin octobre. Elle peut
être soutenue par des arrosages à l'engrais liquide.
1 à 3 plants par case (30 x 30 cm).

nigelle de Damas
Nigella damascena

Bonnes associations
Le basilic et le persil

À surveiller Les plantes voisines qui peuvent étouffer les plantules.

Bon à savoir Ses fleurs semi-doubles tiennent longtemps en vase.

Cette fleur annuelle aux fleurs semi-doubles et au feuillage si léger prend peu de place dans les carrés.

Quand ? Semez en place entre mars et mai.

Où ? La nigelle de Damas aime les sols légers, bien drainés et ne redoute que l'ombre.

Comment ? Semez les graines noires en place — la nigelle ne supporte pas le repiquage — à la volée ou dans des trous distants de 10 à 20 cm. La plante forme rapidement des touffes érigées, à tige fine et à feuillage très découpé. Elle fleurit pendant un mois entre juin et septembre, selon la période du semis. La nigelle aux grosses capsules de graines se ressème spontanément dans les carrés. 16 plants par case (30 x 30 cm).

pois de senteur

Lathyrus odoratus

Bonnes associations
La laitue, le persil et le radis

À surveiller Les limaces
qui dévorent les plantules.

Bon à savoir Tous les pois
de senteurs ne sont pas
parfumés.

Le pois de senteur part vite à l'assaut d'un filet à ramer et fleurit généreusement à condition d'être nourri et arrosé copieusement.

Quand ? Semez entre février et avril ou plantez en avril-mai.

Où ? Le pois de senteur apprécie une terre fertile et légère à exposition ensoleillée.

Comment ? Entre février et avril, semez les graines trois par trois en poquets distants de 20 cm. Installez rapidement le filet ou les rameaux de noisetier qui lui serviront de support. Les pois de senteur peuvent aussi être semés en pot dès octobre, sous abri. Ils seront alors mis en place en avril. Arrosez souvent et coupez régulièrement les fleurs fanées pour prolonger la floraison de juin à fin août. Il existe des variétés buissons et naines, toujours à cycle annuel, qui ne nécessitent pas de support. 5 à 9 plants par case (30 x 30 cm).

SOUCI
Calendula officinalis

Bonnes associations
La laitue, le poireau et le chou

À surveiller L'oïdium
qui recouvre le feuillage.

Bon à savoir La fleur du souci
attire le syrphe, prédateur
des pucerons.

Cette annuelle florifère, très simple à cultiver, est une plante médicinale aux fleurs comestibles.

Quand ? Semez en avril-mai.

Où ? Le souci s'accommode de toutes les terres, même très sèches, au soleil ou à mi-ombre. Ses couleurs vives enchantent les bordures du potager.

Comment ? Semez directement les graines en place, en bordure du potager ou au cœur d'un carré de plantes aromatiques. Éclaircissez à 30 cm. Les fleurs s'épanouissent de juin jusqu'aux gelées, et les graines se ressèment naturellement. Des semis d'automne sont possibles en climat doux mais on peut aussi tout simplement planter, dès le mois de mai, le souci élevé en godet. On trouve des variétés à fleurs simples et d'autres très doubles, jaunes, orange, saumon et crème. Prolongez la floraison en rabattant les touffes défleuries. 5 plants par case (30 x 30 cm).

tagète
Tagetes patula et *Signata pumila*

Les tagètes et autres œillets d'Inde miniatures n'ont pas leur pareil pour égayer les bordures du potager ou le pied des tomates.

Quand ? Semez à la mi-mai, plantez après les gelées.

Où ? Le tagète réclame une exposition ensoleillée et ne redoute pas les terres sèches.

Comment ? En avril-mai plantez les tagètes sous une exposition très ensoleillée à 25 cm de distance. Ils fleuriront sans interruption jusqu'en octobre. Il est possible de les semer en place mi-mai ou sous abri début mars. Pincez les jeunes plants, arrosez par temps sec et supprimez régulièrement les fleurs fanées pour éviter un dessèchement brutal. Pour gagner du temps, repiquez au printemps les plants du commerce au pied des légumes ou en bordure de carré. 5 à 9 plants par case (30 x 30 cm).

tournesol

Helianthus annuus

Bonnes associations
Le haricot, la sauge
et la courgette

À surveiller L'arrosage
en période de croissance
et la solidité du tuteur.

Bon à savoir La fleur est
appréciée par les amateurs
de bouquets et les graines
par les oiseaux.

Géant ou nain, à fleur simple ou double, le soleil des jardins illumine les carrés du potager. Sa facilité de culture est bien connue des jardiniers.

Quand ? Semez en février ou en mai.

Où ? Le tournesol pousse bien dans les terrains bien drainés à exposition chaude et ensoleillée.

Comment ? Dans une case du potager, semez trois grosses graines par poquet rempli de terreau. Ne gardez que la plantule la plus forte. Sous abri, on peut semer en godet dès le mois de février. La tige de plus de 300 cm de haut des variétés géantes, bien que rigide, nécessitera un solide tuteur. Dans le petit potager en carré, on préfère les variétés naines, à fleur simple ou double, de 30 à 40 cm de haut. Arrosez en cours de culture. 1 à 3 plants par case (30 x 30 cm).

annexes

glossaire

A

Adventice
terme employé pour désigner une mauvaise herbe ou une plante non désirée dans une culture.

Amender
améliorer la structure physique ou le pH du sol en apportant des substances comme le sable, l'argile, la chaux…

Ameublir
travailler la terre pour la rendre plus aérée et plus perméable.

Annuelle
se dit d'une plante qui réalise, sans période de repos, son cycle végétatif complet dans le cours de l'année.

Autofertile
caractère d'une plante dont les fleurs sont fécondées par ses propres organes.

B

Billon
bande de terre légèrement bombée.

Biner
ameublir la terre superficiellement pour l'aérer, faciliter la pénétration de l'eau, réduire l'évaporation et détruire les mauvaises herbes.

Bisannuelle
se dit d'une plante qui réalise son cycle végétatif complet, coupé par une période de repos, au cours de deux années.

Blanchir
placer à l'abri de la lumière le feuillage ou les tiges des légumes pour les rendre plus tendres.

Borner
tasser la terre autour d'un plant que l'on vient de repiquer.

Bouturer
multiplication végétative par enracinement d'un fragment de plante comme la tige, la racine et parfois même la feuille.

C

Caïeu
petit bourgeon qui grossit à l'intérieur d'un bulbe comme celui de l'échalote.

Collet
partie intermédiaire entre la tige et la racine.

Couche chaude
amas de fumier en fermentation recouvert de terreau sur lequel on cultive des légumes primeurs.

D

Drageon
tige souterraine produite par les racines d'une plante pour assurer sa propagation.

E

Éclaircir
supprimer les jeunes plantes en surnombre, à la suite d'un semis, afin de laisser suffisamment d'espace aux autres pour qu'elles se développent harmonieusement.

F

Hybride F1
se dit d'un hybride de première génération issu du croisement entre deux lignées pures. Les semences sont plus chères, mais le légume est généralement plus performant.

Fonte des semis
maladie cryptogamique détruisant les plantules d'un semis trop dense, mal aérée ou trop humide.

Forçage
action mettant en œuvre des moyens artificiels comme la chaleur de fond pour hâter une culture à contre-saison.

H

Habiller
préparer une plante, avant de la repiquer, en réduisant les racines et le feuillage.

Hâtive
caractère d'une variété sélectionnée pour son développement rapide.

Hybride
se dit d'une plante, ou d'un légume, issu du croisement entre des espèces de même genre voire, dans certains cas, de genres différents.

J

Jauge
tranchée effectuée pour conserver les légumes l'hiver ou placer des végétaux en attente d'une plantation définitive ; tranchée ouverte au cours d'un bêchage.

L

Levée

moment très attendu après un semis lorsque les jeunes plantules sortent de terre.

M

Marcotter

procédé de multiplication consistant à faire s'enraciner un rameau, couché au sol ou en partie enterré, que l'on séparera ensuite du pied mère.

Montée à graines

se dit d'un légume comme la laitue qui entame ou achève sa floraison en vue de produire des graines.

O

Œilleton

rejeton que l'on sépare d'une souche comme celle de l'artichaut pour le multiplier.

P

Pincer

couper l'extrémité d'une pousse tendre avec les ongles pour favoriser la ramification.

Planche

bande de terre plus ou moins étroite consacrée à la culture d'un seul légume.

Plantule

jeune plante issue d'une graine ayant germé.

Plomber

tasser la terre à l'aide d'une planchette, du dos d'un râteau ou d'un rouleau afin qu'elle adhère aux graines.

Poquet

petit trou au fond duquel on dépose plusieurs graines.

Pralin

mélange de bouse de vache, d'argile et d'eau dont on enduit les racines d'une plante pour faciliter sa reprise.

R

Rame

support généralement fait de branchages et servant de tuteur aux grimpantes comme le haricot.

Rayon

petit sillon tracé avant un semis ou un repiquage.

Repiquer

replanter, à un emplacement provisoire ou définitif, des jeunes plants que l'on a déterrés délicatement.

Ressuyer

laisser à l'air, quelque temps, les légumes arrachés perdre un peu de leur eau avant de les stocker.

Rustique

caractère d'une plante parfaitement adaptée à un environnement et qui résiste aux gelées hivernales sous un climat donné.

S

Sarcler

détruire les mauvaises herbes à la main ou à l'aide d'un sarcloir.

Stolon

terme exact pour désigner les filets ou les coulants des fraisiers.

T

Turion

jeune pousse souterraine naissant d'une souche comme celle de l'asperge.

V

Volée

on effectue un semis à la volée en répartissant du mieux possible, à la main, les graines à la surface du sol.

index

Retrouvez toute la collection :

120 variétés de
plantes aromatiques
à faire pousser
à la maison

des légumes
frais & sains
toute l'année
dans mon potager

200 compositions
pour **un balcon
fleuri toute l'année**

200 conseils pour
un jardin presque
sans entretien

créer ses
potagers en carrés
techniques & idées

200 vivaces pour
**un jardin fleuri
toute l'année**

protéger
efficacement
mes plantes
contre les nuisibles
et les maladies

les 6 techniques pour
tailler haies,
arbustes & rosiers
comme un pro

les meilleures
plantes dépolluantes
pour bien respirer
chez soi

le guide des
plantes compagnes
qui s'aiment
et s'entraident au jardin

concevoir et planter
des massifs fleuris
toute l'année

maîtriser l'art des
boutures pour créer
et multiplier **ses plantes**

plans d'eau
fontaines & bassins
pour agrémenter
son jardin

profiter d'un
jardin plein de couleurs
même **à l'ombre**

un potager
dans un mini jardin,
sur un balcon
ou un appui de fenêtre

un **jardin** presque
sans arrosage

100 plantes pour
un jardin
harmonieusement
parfumé toute l'année

~CLO~

L'ESSENTIEL
DU JARDIN
À PRIX MINI

240 PAGES D'IDÉES,
DE BONNES PRATIQUES
ET D'ASTUCES DE PRO

MINI PRIX !
5,90€
MINI PRIX !

LES NAINS DE JARDIN
MARABOUT
www.marabout.com